CHRISTIANE SCHLÜTER

Kraftquellen
für den Alltag

Inhalt

Kräfte für ein ganzes Leben

Zu wissen, wo wir Kraft finden im Leben,
das ist ein besonderer Schatz. Und es gibt
nicht nur eine Möglichkeit, ihn aufzuspü-
ren. So vielfältig wie unsere Kraftquellen,
so vielfältig sind auch die Wege dorthin,
die wir gehen können.

Zurück zu den Quellen

———————— • ————————

Nähren, was uns nährt, und stärken, was uns stärkt: Wenn wir unsere Kraftquellen pflegen und nutzen, fließen sie umso reicher.

Für die Kraftquellen in unserem Leben sind die Wasserquellen in der Natur ein schönes Bild. Sie wirken meist nicht besonders spektakulär und sind oft erst auf den zweiten Blick zu entdecken. Wir gehen spazieren, und plötzlich ist da ein leises Plätschern. Wir folgen dem Geräusch, und nach wenigen Schritten stehen wir vor einer kleinen Quelle, die munter vor sich hin sprudelt. Geradezu unerschöpflich scheint sie zu sein, immer und immer fließt das Wasser. Und auch wenn wir wissen, dass sie nur Teil eines unermesslich großen Kreislaufs ist, wirkt es doch so, als ob diese kleine Quelle ein Anfang ist, etwas Neues, das hier beginnt und sich dann fortsetzt, in die Welt hinein. Wie schön, dass wir sie gefunden haben, denken wir, setzen uns auf die moosbewachsenen Steine, die die Quelle umgeben wie ein uralter, freundlicher Schutz, und tauchen die Hand ins kühle, belebende Nass.

Dann gehen wir weiter, im Ohr noch immer das Plätschern, das nun langsam immer leiser wird, je mehr wir uns entfernen.

Mit den Kraftquellen ist es ganz ähnlich. Wir entdecken sie meist unverhofft und nicht etwa dann, wenn wir nach ihnen suchen. Wir stehen ein wenig staunend davor, weil sie so unspektakulär wirken, so ganz und gar nicht grandios. Wir empfinden sie als belebend und spüren ihre Wirkung noch, wenn wir dann auf unserem Lebensweg weitergehen.

QUELLEN WOLLEN SICH VERSTRÖMEN

Wie die Wasserquellen kommen die Kraftquellen ja nur scheinbar aus dem Nichts. Wie jene sind auch sie in Wirklichkeit Teil eines ganz großen Kreislaufs – des Lebenskreislaufs. Innerhalb dieses Zyklus werden die Kraftquellen immer wieder neu gefüllt. Sie speisen sich aus unseren Begabungen und Fähigkeiten, aus unseren guten Erlebnissen und Erfahrungen.

Wir können aber auch aktiv etwas zu ihrer Stärkung beitragen: indem wir uns unserer Kraftquellen bewusst werden, sie aufsuchen, pflegen und uns an ihnen nähren. Denn wenn sie sich verströmen, werden sie nicht weniger, sondern mehr. So wie auch der kleine Bach nach und nach zum mächtigen Strom wird.

Ein anderes, sehr aktuelles Wort für Kraftquelle ist »Ressource«. Es stammt aus dem Französischen und bedeutet »Mittel«, und auch hier versteckt sich das Wort für »Quelle« (»source«) . Eine Ressource ermöglicht es, handelnd ein Ziel zu erreichen. Sie macht stark – und sie schützt! Menschen mit Ressourcen fällt es leichter, durch Krisen zu kommen und sich nach großen Belastungen wieder zu erholen.

UNSERE RESSOURCEN SIND VIELFÄLTIG

Was aber ist es nun, woraus wir unsere Kraft beziehen? Was sind unsere Ressourcen? Hier endet der Vergleich mit den Quellen draußen in der Natur. Dort ist Wasser gleich Wasser. In unserem Leben hingegen gibt es sehr vieles, das zur Kraftquelle für uns werden kann. Machen Sie doch einmal ganz spontan die Probe und sammeln Sie, was Ihnen dazu im Moment einfällt. Woraus beziehen Sie Ihre Kraft? Wahrscheinlich fällt Ihnen sehr viel mehr ein, als Sie denken. Dieses Buch ist das Ergebnis einer solchen Sammlung. Und es war erstaunlich, was sich im Verlauf des Sammelns alles gezeigt hat an Gefühlen, an Fähigkeiten, Erfahrungen und an Werten. Die Bandbreite reichte von so elementaren Dingen wie der Luft, die uns umgibt, bis hin zum Gedanken der Selbstverwirklichung.

Von der Liebe bis hin zur Gerechtigkeit und zur Großzügigkeit – es geht bei den Kraftquellen nicht zuletzt um die Haltung, mit der wir der Welt begegnen.

Eine feste Basis schaffen

Hier kommt der Begriff des Wertes ins Spiel. Mit den Werten, die wir für gut erachten und denen wir folgen, sagen wir auch etwas über uns selbst aus. Das ist ein wichtiger Punkt in der heutigen Zeit, in der es so schwierig ist mit der Orientierung und der Selbstfindung. Der Sinn ist nicht mehr selbstverständlich, wir sind uns nicht mehr selbstverständlich. Und so versuchen wir uns zu orientieren, uns einen Standort, einen festen Punkt zu verschaffen. Eine Basis, von der wir ausgehen können.

Dazu will dieses Buch beitragen, indem es den Blick auf das lenkt, was uns als Basis dienen kann, als Ort, an dem wir neue Kraft schöpfen. Und noch einmal sei betont: Die Quelle versiegt nicht, weil wir aus ihr trinken, sondern sie wächst im Weiterfließen. Auch ein Muskel verbraucht sich ja nicht, wenn er beansprucht wird, sondern wird stärker. Stärken, was uns stark macht, und nähren, was uns nährt, darum geht es. Wir müssen unsere Ressourcen nicht erst herstellen. Aber pflegen sollen wir sie.

Was das Buch Ihnen bietet

———————— • ————————

In acht thematisch geordneten Kapiteln führt dieses kleine Buch Sie zu den möglichen Kraftquellen in Ihrem Leben, die Sie für sich nutzen können.

Sicher werden die verschiedenen Themen des Buches Sie unterschiedlich intensiv ansprechen. Manche erschließen sich sofort, andere vielleicht erst später. Sie können mit jedem beliebigen Kapitel beginnen oder auch erst einmal alle durchlesen und dann entscheiden, wo Sie am liebsten ansetzen möchten. Gestalten Sie den Weg zu Ihren Kraftquellen ganz individuell. Zu jedem der acht Kapitel gehören verschiedene Übungen für den Alltag. Manche erfordern wenig Zeitaufwand und können zu guten Alltagsbegleitern werden, andere leiten zu weiterem Nachdenken an. Mit wieder anderen legen Sie eine Basis für Ihr künftiges Handeln, so als ob Sie bei Ihrem Spaziergang, von dem eingangs die Rede war und auf dem Sie die Quelle entdeckten, etwas Quellwasser abgefüllt und mit heimgenommen hätten – als Kraftspender, der im richtigen Augenblick seine Wirkung entfalten wird.

Die Übungen unterscheiden sich außerdem auch
darin, wie Sie jeweils dabei vorgehen, ob es sich
zum Beispiel um eine Körper- oder eine Wahr-
nehmungsübung handelt. Damit Sie die Art
der Übungen gleich auf den ersten Blick besser
einschätzen können, sind ihnen kleine Zeichen
zugeordnet. Sie haben folgende Bedeutungen:

schreibend reflektieren oder das Ergebnis
der Reflexionen notieren

Körperübungen oder symbolische Handlungen ausführen

sich an frühere Begebenheiten im Leben
erinnern

Dinge mit verschiedenen oder allen Sinnen bewusst wahrnehmen

bestimmte Handlungen oder Verhaltens-
weisen im Alltag ausprobieren

Auseinandersetzung mit sich selbst
und / oder die Perspektive wechseln

sich vor dem inneren Auge etwas vorstellen (visualisieren)

»Es offenbart sich aber zuweilen eine Kraft, die
man in sich selbst nicht ahnt.«

Constance de Salm

Gewissheit und Zuversicht

---•---

Wir sind in mehrerlei Hinsicht dazu begabt, zuversichtlich auf sicherem Boden durch das Leben zu gehen. Sogar in Zeiten, in denen der Wind schärfer bläst, tragen uns diese Fähigkeiten weiter. Weshalb es gut ist, sich immer wieder einmal auf sie zu besinnen.

---•---

Vertrauen spüren

———————— • ————————

Es ist eine der stärksten Kraftquellen, die wir besitzen – das Vertrauen. Das Beste daran: Wir können es selbst nähren.

Warum ist das Vertrauen so wichtig für uns? Nun, wir haben nicht alles selbst in der Hand. Wir sind angewiesen – worauf? Auf andere Menschen. Auf das Glück. Darauf, dass die Dinge gut ausgehen. Und das Gefühl, mit dem wir uns anderen Menschen oder aber Situationen oder dem Schicksal in die Hände geben, das nennt sich Vertrauen.

GUTE ERFAHRUNGEN STÄRKEN

Wir entwickeln unser Vertrauen mithilfe der guten Erfahrungen, die wir machen. Denn sie bestätigen, dass wir richtigliegen, wenn wir vertrauen. Jedes Mal, wenn wir uns anvertraut haben – einem anderen Menschen oder aber dem Leben – und dabei nicht enttäuscht wurden, ist unsere Fähigkeit zu vertrauen wieder ein Stück gewachsen. Man könnte auch sagen: Unsere Zuversicht wurde gestärkt.

Damit ist eine wichtige Quelle angesprochen, die wir immer wieder aufsuchen können, um unser

Vertrauen, unsere Zuversicht zu stärken: das Gute, das uns im Leben bereits begegnet ist. Egal wie es aussah und woher es kam: Alles, was uns gutgetan hat, kann zum Nährboden werden, aus dem das Gefühl des Vertrauens in uns wächst.

Hinspüren und offen bleiben

Aber was ist mit Enttäuschungen? Wer vertraut, der gibt seine Schutzhaltung auf, der macht sich verletzlich. »Vertrau mir«, säuselt die Schlange Kaa in Walt Disneys »Dschungelbuch«. Dem kleinen Jungen Mogli werden unter ihrem kreiselnden Blick die Lider schwer. Doch dann erkennt er die Gefahr und kann sich aus Kaas Bann befreien. Das zeigt: Vertrauen ist eben nicht blind gegenüber der Realität. Wir müssen erst mit wachen Sinnen genau hinschauen, abwägen und in uns hineinspüren, bevor wir vertrauensvoll die Augen schließen können. Aber wichtig ist auch: Nicht hinter jeder Enttäuschung steckt ein böser Wille, eine Schlange Kaa. Oft stoßen unsere Erwartungen gegenüber anderen oder dem Leben einfach an Grenzen, ohne dass uns jemand böse will. Lassen wir also nicht zu, dass unser Vertrauen erschüttert wird. Versuchen wir offen zu bleiben für das Gute, das uns nach einer Enttäuschung ganz sicher auch wieder begegnen wird.

Aus Ritualen schöpfen

---•---

*Es gibt in unserem Leben mehr davon, als wir ver-
muten. Rituale sind ein wahrer Schatz.*

Rituale sind Handlungen, mit denen wir in
bestimmten Situationen ausdrücken, was uns
bewegt – was wir denken und empfinden, was
wir mitteilen und mit anderen teilen möchten. In
Ritualen steckt überliefertes und zeitloses Wissen. Außerdem nähren sie unseren Sinn für das
Schöne – in Worten und Symbolen, in Gesten
und Klängen.

ZEICHEN DES BEDEUTSAMEN

Rituale gehören zu jeder Kultur dazu. Sie haben
sich durch die Jahrhunderte hindurch entwickelt
und dabei immer wieder verändert. Jede Epoche
hat sie nach eigenen Bedürfnissen gestaltet und
umgestaltet.

Wenn Sie an Rituale denken, fällt Ihnen vielleicht zuerst die Religion ein. Tatsächlich sind
sie dort am auffälligsten. Aber Rituale sind nicht
nur in der Religion daheim. Wir begegnen ihnen
überall da, wo es bedeutsam wird und wo wir

spüren, dass gerade etwas Besonderes geschieht. Das Erwachsenwerden ist zum Beispiel mit Ritualen verbunden: Junge Leute tun Dinge zum ersten Mal, die ihnen bislang verwehrt waren, etwa Autofahren. Oder – ganz profan – der Frühjahrsputz: Warum putzen wir ausgerechnet da mit Leidenschaft? Weil wir spüren, dass etwas neu wird draußen in der Natur, und diesem Neuen möchten wir auch in unserer Wohnung Raum geben.

Inseln des Besonderen

Damit sind wir unversehens im Alltag angekommen, und das ist kein Widerspruch dazu, dass Rituale etwas Besonderes ausdrücken wollen. Im Gegenteil: Gerade deshalb können wir sie ja auch nutzen, um für uns inmitten des Alltags kleine Inseln des Besonderen zu gestalten. Die stille Tasse Kaffee am frühen Morgen, bevor der Tag seine Hektik entfaltet; die Kerze am Abend; die Umarmung eines geliebten Menschen beim Abschied und beim Wiedersehen: Auch das sind Rituale. Wir genießen sie für uns allein oder verbinden uns durch sie mit anderen. Denn das ist ebenfalls eine wichtige Aufgabe von Ritualen: Indem wir sie mit anderen teilen, vergewissern wir uns, dass wir ähnlich empfinden. Dass wir zusammengehören. Dass es gut so ist, wie es ist.

Die Hoffnung bewahren

———————•———————

Auch sie gehört zu dem, was uns durchs Leben trägt: die Hoffnung. Sie ist ein wunderbares Gegenmittel gegen die Furcht.

Beim Nachdenken über das, was uns durchs Leben trägt, darf sie nicht fehlen: die Hoffnung. Und auch hier lohnt sich ein Blick auf die Herkunft des Wortes. Es ist nämlich mit »hüpfen« verwandt. Das passt gut, denn wer etwas Positives erwartet, der hüpft und zappelt – zumindest innerlich. Je größer die Hoffnung ist, desto unruhiger und zappeliger werden wir. An Kindern kann man das gut beobachten.

DER BLICK NACH VORN

Untrennbar mit der Hoffnung verbunden ist der Blick auf die Zukunft. Wenn wir etwas erhoffen, so schauen wir nach vorn – dorthin, wo das Ersehnte auf uns warten soll. Und: Die Hoffnung richtet sich immer auf das Gute. Negatives zu erhoffen ist unmöglich. Das Gefühl, etwas Schlechtes erwarte uns in der Zukunft, heißt nämlich: Furcht. Hoffnung und Furcht sind also

ein Gegensatzpaar. Was wiederum bedeutet:
Gegen Furcht hilft am besten – die Hoffnung!
In guten Zeiten ist das leicht gesagt, werden
Sie jetzt vielleicht einwenden. Aber was ist mit
Krisenzeiten? Woher nehmen wir dann die
Hoffnung? Der Einwand ist berechtigt. Und
nun schauen Sie einmal auf Ihre eigenen Erfah-
rungen: Sicher haben Sie schon erlebt, dass in
schwierigen, sogar in scheinbar ausweglosen
Situationen nach einer Weile etwas in Ihnen auf-
keimte – ein zartes Pflänzchen, eine Ahnung von
der Zukunft, eine neue Perspektive.

Zur Hoffnung begabt

Solche Wechselprozesse sind Ausdruck von
Vitalität, von Lebenskraft. Solange wir leben,
solange wir auch nur eine Minute Lebenszeit
vor uns haben, hören wir nicht auf zu hoffen,
wie es das Sprichwort sagt: »Die Hoffnung stirbt
zuletzt.« Nur die Inhalte der Hoffnung werden
sich immer ändern.
Tief im Inneren wissen wir also: Irgendwie geht
es immer weiter. Woraus sich schließen lässt:
Wir Menschen haben wohl ein »Hoffnungsgen«
in uns. Eine Begabung zur Hoffnung, die so
lange besteht, wie wir leben, und die sich mit
einer realistischen Sicht auf die Welt gut verträgt.
Pflegen wir sie, diese Begabung.

Einen Sinn finden

────────── • ──────────

Unser Lebenssinn ist eine große Motivations-
quelle. Er trägt uns vorwärts und lässt uns jeden
Morgen aufstehen – auch wenn er uns nicht
täglich bewusst ist.

Der Sinn kann verschiedenste Gestalten anneh-
men, und vieles kann zur Quelle von Sinn für
uns werden. Wir finden ihn zum Beispiel in
dem, was wir täglich tun: in den Aufgaben, die
wir erfüllen, in den schönen Momenten, die wir
erleben … Wir denken über den Sinn auch nicht
ständig nach, sondern meist nur, wenn er uns
fraglich geworden ist. Wenn wir ihn nicht mehr
als selbstverständlich voraussetzen und ihn nicht
mehr spüren. Das kann ein Zeichen dafür sein,
dass sich in unserem Leben etwas ändern will.

ANTWORT AUF DAS »WOZU«

Wir begeben uns dann auf Sinnsuche und beginnen zu fragen: »Wozu?«, »Wozu tue ich das?«.
Bei der Suche nach einer Antwort kann uns
inspirieren, was große Denker über den Sinn
gesagt haben. Der berühmte Immanuel Kant
zum Beispiel, er beantwortet die Frage nach dem
»Wozu« gleich doppelt. Bei allem, was wir tun,

so sagt er, sollten uns zwei Dinge motivieren: erstens unsere eigene Weiterentwicklung und zweitens das Wohlergehen anderer. Das sind ziemlich gute Ideen. Gut für sich selbst zu sorgen und etwas aus den eigenen Anlagen zu machen, das hat nichts mit Egoismus zu tun. Es ist lebensnotwendig. Mehr dazu findet sich im Kapitel »Gaben und Stärken« (ab Seite 45).

Und ebenso wichtig und erfüllend ist es, diejenigen im Blick zu behalten, die zu unserem Leben dazugehören: Angehörige, Freunde, aber auch Menschen, die uns beruflich anvertraut sind. Wenn wir sie respektieren und wertschätzen, tut uns das auch selbst gut.

Sinn lässt sich aufsuchen

So hat sich das große Thema Sinn, das zuerst vielleicht wenig fassbar schien, auf einmal ganz konkret mit Inhalt gefüllt. Und es ist klar geworden: Wir können selbst dazu beitragen, dass sich unser Leben mit Sinn füllt, indem wir uns aktiv bilden und uns gleichzeitig auch um andere kümmern. Vor allem in Zeiten, in denen wir den Sinn eher vermissen, ist das gut zu wissen: Wir brauchen nicht dazusitzen und zu warten, dass er uns in den Schoß fällt. Wir können ihn herbeilocken und ihm zu jeder Zeit die Tür in unser Leben öffnen.

Übungen
für den Alltag

— • —

Die nachfolgenden Übungen machen die oben
beschriebenen Kraftquellen für Ihren Alltag
praktisch erfahrbar.

Die Perspektive erweitern

Trainieren Sie Ihren Blick für die guten Erfahrungen
und die schönen Dinge im Leben.

Auf Seite 15 war von dem Nährboden aus guten
Erfahrungen die Rede, aus dem Vertrauen wachsen kann. Das klingt einfach und logisch: auf
das Gute schauen. Doch so selbstverständlich ist
das nicht. Denn über Jahrtausende haben eher
diejenigen unserer Vorfahren überlebt, die ein
Bewusstsein für drohende Gefahren besaßen.
Ihre Gene tragen wir in uns. Bis heute gilt daher:
Schlechte Nachrichten sind die interessanteren
Nachrichten. Wir sind geradezu konditioniert,
auf das zu schauen, was mangelhaft ist – auf die

Fehler, die Unglücke, die Katastrophen. Aber gerade deshalb braucht es immer wieder die bewusste Entscheidung, auch auf das andere zu sehen: auf das, was gelungen ist und was das Leben uns schon alles geschenkt hat. Diese Perspektive einzunehmen bedeutet nicht, mit der rosa Brille herumzulaufen und alles nur noch toll zu finden. Es bedeutet, das Blickfeld zu erweitern und öfter bewusst das Gute zu sehen. Um desto vertrauensvoller und hoffnungsvoller – zu leben.

Die folgenden Fragen sollen Sie dazu anregen, diese erweiterte Perspektive zu entwickeln. Sie brauchen dafür nur ein wenig Zeit und Ruhe zum Nachsinnieren. Dabei können Sie gemütlich auf dem Sofa sitzen oder aber spazieren gehen.

- Nehmen Sie das Bild des Nährbodens wörtlich, stellen Sie sich diesen fruchtbaren Boden vor: Aus welchen Erfahrungen und Erlebnissen ist er bei Ihnen zusammengesetzt? Was ist alles in dieses Stück Erdreich eingegangen? Wie tief ist der Boden, wie tief kann die Pflanze des Vertrauens darin wurzeln? Und soll dieser Boden noch reichhaltiger werden?

- Wenn Sie an die Menschen in Ihrem Umfeld einst und jetzt denken: Zu wem hatten oder haben Sie Vertrauen – und worauf gründete oder gründet es jeweils? In Ihrer Nähe zu dem

Betreffenden, in seinen Charaktereigenschaften oder in seinen Kompetenzen und Fähigkeiten? Versuchen Sie, die Unterschiede zu erkennen. Sie sagen auch etwas über die Art Ihrer Beziehung zu demjenigen aus.

- Überlegen Sie außerdem: Wer schenkt umgekehrt Ihnen Vertrauen? Bei wem spüren Sie, dass es Ihnen entgegengebracht wird? Welche Gefühle löst das in Ihnen aus?

Wiederholen Sie diese Übung von Zeit zu Zeit.

Vertrauensanker finden

Die folgende Übung nutzt die Kraft der Symbole. Sie können sie zu einem kleinen Alltagsritual machen, das Sie in den nächsten Wochen oder auch länger begleiten wird.

- Durchsuchen Sie Ihre Wohnung nach Gegenständen, die in Ihnen die Erinnerung an gute Lebenserfahrungen wachrufen: Geschenke, Andenken, Fundstücke, Briefe oder Karten, aber auch Gebrauchsdinge … Wenn erst einmal der Blick für sie geöffnet ist, fallen sie recht schnell ins Auge.

- Wählen Sie einen dieser Gegenstände aus und vergegenwärtigen Sie sich die Geschichte, die mit ihm verbunden ist: wie der Gegenstand in Ihren Besitz wechselte, wer daran beteiligt und was der Anlass war. Wählen Sie dann aus der Geschichte eine Schlüsselszene aus, die den Kern des guten Erlebnisses verkörpert, und halten Sie diese Szene mit einer imaginären Fotokamera fest: Drücken Sie wirklich gedanklich auf den Auslöser.

- Stellen Sie den Gegenstand für eine Woche als Vertrauensanker daheim so auf, dass Sie ihn häufig betrachten können – auf das Nachtkästchen oder den Schreibtisch oder auf die Ablage im Badezimmer. Immer wenn Sie den Gegenstand anschauen, vergegenwärtigen Sie sich die dazugehörige »fotografierte« Szene. Versuchen Sie dabei auch, die zum positiven Erlebnis gehörenden Gefühle wieder zu spüren. Nach einer Woche nehmen Sie einen anderen der im ersten Schritt gefundenen Gegenstände und verfahren damit ebenso.

Aus der Betrachtung der Vertrauensanker wird mit der Zeit ein kleines Ritual, das den Boden Ihrer Vertrauensfähigkeit nährt. Denn über die visuelle Wahrnehmung der Gegenstände richten Sie Ihren Blick auch auf die guten Erfahrungen in Ihrem Leben.

Werte ergründen

Diese Übung hilft Ihnen, sich über Ihre Werte klar zu werden, und bietet Anregungen, die Sie dann in passenden Situationen umsetzen können.

Die Frage nach dem Sinn des Lebens ist eng verbunden mit der Frage nach den Werten, nach denen wir unser Leben gestalten. Indem wir ihnen folgen, verleihen wir unserem Leben Sinn. Welche Werte Ihnen wichtig sind, lässt sich gut an Ihrem Handeln in konkreten Situationen erkennen, vor allem wenn es darum geht, Entscheidungen zu treffen. Das kann harmlose Fragen betreffen, etwa die, ob Sie an der Supermarktkasse jemandem den Vortritt lassen oder nicht. Erst recht sind bedeutsame ethische Entscheidungen immer von Werten geleitet. Ein Beispiel: Wie sehr müssen / dürfen bei einem Pflegefall in der Familie die eigenen Bedürfnisse vernachlässigt werden? Hier konkurrieren Selbstfürsorge und Verantwortung für den anderen Menschen miteinander.

Wenn Sie sich also das nächste Mal fragen, wie Sie handeln sollen, dann können Sie diese Frage wie folgt erweitern:

- Welche Prinzipien stecken hinter den Optionen, die mir in dieser Situation zur Verfügung stehen? Versuchen Sie, die entsprechenden Prinzipien oder Werte möglichst präzise zu benennen. Wenn Sie zum Beispiel nach einem angemessenen Verhalten in Konfliktsituationen suchen, können »Unbedingt Frieden halten« oder »Sich unbedingt durchsetzen« solche Werte sein. Halten Sie die verschiedenen Prinzipien möglichst schriftlich fest.
- Fragen Sie sich dann: Wie wichtig sind mir die jeweiligen Prinzipien? Welche konkurrieren miteinander, und welches Prinzip gewinnt in der Regel?
- Fragen Sie auch: Gefällt mir diese Ausrichtung, oder möchte ich sie gern ändern, weil sie jetzt nicht (mehr) zu dem Bild passt, das ich von mir habe?
- Wenn die Situation keine Zeit lässt für eine ausführliche Reflexion, dann stellen Sie sich die Fragen im Nachhinein. Denn auch zurückliegende Entscheidungen können Sie auf die in ihnen wirksamen Werte hin betrachten.

»Das Meisterstück eines Menschen, auf das er besonders stolz sein kann, ist, sinnvoll zu leben.«

Michel de Montaigne

Nähe und Weite

Für sich sein und mit anderen zusammen sein: Beides brauchen wir – und zwar in einer guten Mischung. Wenn wir uns bei vertrauten Menschen geborgen fühlen, so können wir umso freier, mutiger und selbstbestimmter unseren Weg durchs Leben gehen.

Geborgen sein

---•---

Zu fühlen »Hier gehöre ich hin, hier gehöre ich dazu« ist der Inbegriff von Geborgenheit. Kaum ein Gefühl nährt uns so sehr wie dieses.

Wir erfahren Geborgenheit in ganz unterschiedlicher Ausprägung. Bei Platzregen zum Beispiel fühlen wir uns schon in einem Buswartehäuschen geschützt und geborgen. »Bergen« bedeutet ja so viel wie »in Sicherheit bringen«. Und die Beziehung zu einem anderen Menschen können wir als Quelle für ein tiefes Gefühl der Gewissheit erleben.

DAS RICHTIGE MASS UNTERLIEGT STÄNDIGEM WANDEL

Geborgenheit finden wir bei nahen Menschen, ebenso an lieb gewonnenen Orten oder in vertrauten Tätigkeiten. Immer kommt es dabei auf das richtige Maß an. Was für den einen gerade stimmig ist an Nähe und Vertrautheit, das ist für den anderen womöglich schon zu eng. Was zum einen Zeitpunkt genau passt, ist uns kurz darauf vielleicht schon zu viel, weil wir erst einmal gesättigt sind. Es ist wie mit einer Umarmung: Sie kann zunächst nicht innig, nicht fest genug sein. Und irgendwann holen wir tief Luft, seufzen zufrieden auf und lösen uns wieder aus ihr.

Sich zugehörig fühlen

Geborgenheit hat immer mit »Zugehörigkeit« zu tun. Dazuzugehören, das ist für uns Menschen ein großes Bedürfnis, es ist überlebenswichtig. Keiner lebt so ganz für sich allein. Und wir gehören eben nicht nur zu anderen Menschen, sondern auch zu Orten, die für uns bedeutsam sind. Weshalb bei Geborgenheit oft der Gedanke an Heimat mitschwingt. An einen Ort, wo wir uns auskennen und in dem wir uns wiedererkennen. Dabei kann es durchaus sein, dass dieser Ort heute gar nicht mehr zu uns passt. Aber wir tragen die Erinnerung an ihn in uns, und damit ist die Heimat zu einem Ort in unserem Herzen geworden, an den wir innerlich jederzeit zurückkehren können, um uns seiner – und damit unserer selbst – zu vergewissern.

Womit als Letztes klar geworden ist: Geborgenheit ist, wie das Glück, nichts Statisches, sondern etwas Vergängliches. Wir suchen sie auf, verspüren sie, und dann tritt sie wieder in den Hintergrund, weil wir nun erst einmal das andere brauchen – das Weite, Freie und Unbegrenzte, das Unbekannte und Fremde (siehe auch Seite 34). Bis wir erneut in ihre Arme zurückkehren.

Freiheit genießen

———————————— • ————————————

Sie macht unser Leben spannend und ermöglicht
uns, spontan und selbstbestimmt zu sein. Aber in
der Freiheit liegt auch eine Aufgabe.

Es ist ein großes Wort: Freiheit. Viel schwingt
darin mit. Was fällt Ihnen zuerst ein? Das Weg-
bleiben von Alltagszwängen vielleicht, das die
Urlaube so schön macht. Oder auch landschaft-
liche Weite – da ist nichts, was einengt, was
beschneidet, begrenzt. Grenzenlosigkeit also …
Aber gibt es die überhaupt? Eine bekannte Rede-
wendung erinnert uns daran, dass Freiheit niemals nur bedeutet »Freiheit wovon«, sondern
auch »Freiheit wozu«. Das heißt, wir sollen nicht
untätig bleiben, sondern die Spielräume nutzen,
die wir für unsere Entscheidungen und unser
Handeln haben.

SELBST ZIELE WÄHLEN
Diese Spielräume finden wir in der Außenwelt
vor und in unserem Inneren. Ihre Grenzen können sich – je nach Situation, auch je nach Alter
– verschieben. Die Tatsache allerdings, dass wir
über so etwas wie Freiheit überhaupt nachdenken, zeigt: Wir Menschen besitzen eine Art von

Freiheit, die mehr bedeutet als nur das Ausnutzen von gegebenen Spielräumen. Unser Verhalten besteht eben nicht einfach darin, auf innere und äußere Umstände zu reagieren. Wir agieren auch und sind dabei oft ganz spontan. Wir wählen gern selbst die Ziele aus, die wir verfolgen – und wir wählen sie möglichst entsprechend unseren eigenen Maßstäben, auch wenn uns das nicht immer bewusst ist.

Eine Sache des Bewusstseins

Hier klingt etwas an, um dessen Existenz Philosophen und Neurowissenschaftler derzeit heftig streiten: die Willensfreiheit. Die einen sagen: Unser Kopf entscheidet und damit wir selbst, unser Bewusstsein. Die anderen sagen: Unser Bauch entscheidet, bevor wir das überhaupt merken, deshalb gibt es keine Willensfreiheit. Egal welches der beiden Lager recht hat: In unserem praktischen Alltag erleben wir uns in dem Sinn als frei, dass wir uns selbst für Handlungsoptionen entscheiden. Das betrifft banale Dinge (Vanille oder Schokolade?) ebenso wie komplexe Themen, etwa den Umweltschutz. Gerade Letztere zeigen dann: Es ist nicht immer leicht mit der Freiheit. Aber sie ist uns gegeben, und deshalb dürfen wir sie bestmöglich nutzen – und genießen, wo immer wir das können.

Mut haben

———————— • ————————

Wenn wir uns ein Herz fassen, so brauchen wir dazu Kraft. Und wenn wir es dann gewagt haben, so schenkt uns das wiederum Kraft.

Auch der Mut gehört in dieses Kapitel über Nähe und Weite hinein. Denn mutig sein bedeutet immer, sich vom Nahen und Vertrauten zu lösen (siehe auch Seite 31) und auf Neues, Unbekanntes zuzugehen. Das kostet zuweilen einiges an Überwindung.

Nach alten Vorstellungen ist der Mut im Herzen angesiedelt: Wenn wir mutig sind, so fassen wir uns ein Herz. Und im französischen Wort »courage« ist das Herz (»coeur«) enthalten. Den Gegenspieler des Mutes, die Angst, verspüren wir sogar körperlich – als Herzklopfen.

UNSER LÖWENHERZ WECKEN

Mut besteht dann darin, das Herzklopfen auszuhalten und trotzdem loszugehen. Wenn wir das wagen, so spüren wir, wie wir mit jedem Schritt sicherer werden. Unser Herzklopfen nimmt ab, wir fühlen uns innerlich zunehmend warm und stabil und zuletzt auch ein wenig stolz. Wir haben das Löwenherz in uns geweckt.

Mut in dem Sinn, dass wir uns an Neues wagen, ist teilweise eine Sache der Veranlagung und teilweise etwas, das sich üben lässt. Wir sollten es auch üben, damit wir es im Alltag, der oft wenig Spielraum für Neues lässt, nicht verlernen. Wann haben Sie zuletzt etwas Neues gewagt? Das kann auch eine Kleinigkeit gewesen sein. Hauptsache, Sie haben den Schutz des Vertrauten verlassen und sind ins Ungewohnte gegangen. Was aber kann uns motivieren, das zu tun?

Mutig sein heißt einem Begehren folgen
Sprachgeschichtlich kommt das deutsche Wort »Mut« vom alten Begriff für den Sitz des Gemüts, des Wollens und Begehrens. Das heißt: Damit wir Mut aufbringen, muss es etwas geben, das uns anlockt. Wer mutig ist, der absolviert eben nicht bloß eine Übung in Tapferkeit, sondern folgt dabei einem inneren Drang. Immer muss da etwas sein, das uns wichtig ist, sonst würden wir das Herzklopfen nicht riskieren. Umso schöner ist es dann, wenn wir das Ersehnte bekommen haben. Aber auch wenn das nicht der Fall war, so haben wir uns doch etwas Gutes getan, indem wir etwas wagten. Wir haben uns damit bewiesen, dass wir das können: uns ein Herz fassen. Wir haben das Löwenherz in uns trainiert.

Einzigartig sein

───────────● ───────────

Wir entwickeln uns ein Leben lang. Dabei sind wir individuell – und das bedeutet: als Person ganz unverwechselbar.

Es dauert bis heute. Und es wird unser Leben lang andauern: unser Werden, unsere Entwicklung. Wir entwickeln uns weiter, solange wir leben. Das gilt für alle Menschen gleichermaßen, aber sie sind dabei nicht gleich, sondern nur mit sich selbst identisch – sie haben ihre jeweils eigene Identität. Wir sind Individuen. »Individuum« bedeutet »das Unteilbare« – das, was nicht weiter in seine Bestandteile zerteilt werden kann. Ausgehend von diesem Wort hat der Psychoanalytiker Carl Gustav Jung den Begriff der Individuation geprägt. Er meint den lebenslangen Prozess der Selbstwerdung.

EIN LEBENSLANGER PROZESS

Man selbst zu werden, das gelingt in einem ständigen Ausgleich zwischen dem, was in uns angelegt ist, und dem, was von außen an uns herangetragen wird an Wünschen, Forderungen und Erfordernissen. Zu ihnen sagen wir manchmal »Ja« und manchmal »Nein«. Wir fügen uns ein und grenzen uns ab. Und in diesem Prozess entwickeln wir uns und verwirklichen uns selbst. Das Wort Selbstverwirklichung klingt für manche nach Egoismus. Doch der Psychologe Abraham Maslow hat die Selbstverwirklichung in seine berühmte Pyramide der wichtigen Bedürfnisse aufgenommen. Der zufolge erwacht dieses Bedürfnis, wenn andere, primär überlebenswichtige – etwa Nahrung, Gesundheit oder Sicherheit – einigermaßen befriedigt sind.

Seien wir neugierig auf uns selbst

Nach C. G. Jung gibt es bei der Selbstwerdung zwei Phasen: Als junge Menschen entwickeln wir uns nach außen – wir lernen die Welt kennen. Ab der Lebensmitte wenden wir uns mehr unserem eigenen Inneren zu – wir lernen uns selbst immer besser kennen.

Zu wissen, dass wir in diesem Prozess stehen und dass er niemals abgeschlossen ist, das kann uns stärken und entlasten. Denn es bedeutet, dass wir nie perfekt sein müssen. Dass es in Ordnung ist, wenn wir hier zustimmen und uns dort abgrenzen. Wir dürfen so sein, wie wir sind – individuell und unverwechselbar, mit Ecken und Kanten und mit vielen liebenswerten Seiten. Und wir dürfen neugierig sein auf das, was in uns noch auf Entfaltung wartet.

Übungen
für den Alltag

———————— • ————————

Nach dem folgenden Brainstorming entwickeln Sie kraftspendende Gewohnheiten für Ihren Alltag und machen von Zeit zu Zeit eine Bestandsaufnahme in Sachen Nähe und Weite.

Quellen der Geborgenheit

Menschen, die uns nah sind; Orte, an denen wir uns wohlfühlen; Gedanken, die uns Halt geben, Tätigkeiten, die uns vertraut sind und die wir mögen – all dies sind Quellen der Geborgenheit.

Es ist gut zu wissen, wo wir diese Quellen finden, wenn wir sie brauchen. Sammeln Sie daher einmal, was Ihnen zum Thema Geborgenheit alles einfällt – etwa mit der »Clustermethode« der Schreibtrainerin Gabriele L. Rico:

• Nehmen Sie ein leeres Blatt, nicht zu klein, schreiben Sie in die Mitte das Wort »Geborgenheit« und kreisen Sie es ein.

- Nun schreiben Sie ringsherum Stichworte, die Ihnen zu diesem Wort einfallen. Versuchen Sie dabei, konkret zu sein und den Bezug zu Ihrem Leben im Blick zu behalten. Also möglichst wenig Theorie, möglichst viel eigene Erfahrung aufs Blatt zu bringen.

- Jedes auf diese Weise notierte Wort umkreisen Sie wieder und verbinden es durch einen Strich mit dem Kernwort – und mit anderen Wörtern, wo das stimmig ist.

- Die ersten Einfälle werden weitere auslösen – auch diese schreiben Sie auf das Blatt, kreisen sie ein und verbinden sie mit anderen, wenn sich ein innerer Zusammenhang zeigt. Auch diese neuen Einfälle werden wieder weitere auslösen … So wächst Ihre Sammlung zu einem Büschel (englisch »cluster«) heran.

- Wenn Sie den Eindruck haben, es ist genug, dann beenden Sie die Sammlung. Betrachten Sie nun Ihr Cluster: Welches Wort, welcher Begriff spricht Sie besonders an? Welche Erfahrung ist damit verbunden?

- Sind Ihnen ungewöhnliche Einfälle gekommen? Haben Sie Quellen der Geborgenheit entdeckt, wo Sie vorher keine vermutet hätten?

Die Clustermethode ist sehr wertvoll, weil sie die Kraft des bildlichen Denkens nutzt, das stets nach Mustern sucht: Durch das freie Assoziieren lösen wir uns von der reinen Wortbedeutung und wenden uns größeren Zusammenhängen zu. Sie können mit dieser Übung auch andere Schlüsselbegriffe für sich ergründen.

Ins Päckchen sinken

Die folgende Körperübung hilft, Spannung abzubauen. Die Außenwelt tritt zurück, Sie nehmen Ihr Inneres wahr. So kommen Sie sich selbst nah.

Sie brauchen für diese Übung bequeme Kleidung und eine Unterlage, etwa eine Yogamatte oder einfach den Wohnzimmerteppich.

• Sie knien auf der Unterlage, der Po ruht auf den Fersen auf, der Oberkörper liegt zwischen den Oberschenkeln, und der Kopf ist auf der Unterlage abgelegt. Die Beine sind so weit gespreizt, dass der Bauch locker hängen kann. Die Arme zeigen nach hinten und liegen entspannt neben dem Körper, mit den Handrücken auf dem Boden.

• Atmen Sie nun in diesem Dreischritt ein und aus: Einatmen durch die Nase, Ausatmen mit hörbarem »FFF« durch den Mund und Atempause. Folgen Sie dabei einfach dem Rhythmus, den Ihr Atem Ihnen vorgibt.

- Mit jedem Atemzug darf sich Ihr Körper weiter sinken lassen: Ihr Kopf darf sinken, ihre Schultern, Brustkorb, Bauch und Becken. Auch die Gesichtszüge dürfen entgleiten: Der Kiefer ist locker, und die Wangen hängen.
- Bleiben Sie zwischen 5 und 15 Minuten in dieser Stellung, auf jeden Fall aber so lange, bis Sie ein Loslassen spüren.

Nähe und Distanz ausloten

Nähe und Distanz sind Gegensätze. In unseren Beziehungen tarieren wir immer neu aus, wie viel Nähe und wie viel Distanz wir benötigen.

Nähe ist wunderschön und nährend – aber sie macht auch verletzlich oder kann einengen. Distanz verschafft Freiraum – aber sie kann auch isolieren. Gut ist es, wenn wir Nähe und Distanz in unseren Beziehungen immer wieder neu gestalten können. Dafür ist es aber wichtig, dass wir spüren, was wir gerade brauchen: mehr Nähe oder mehr Distanz.

Ihre eigene aktuelle Bedürfnislage können Sie sich mit dieser Übung bewusst machen:

- Nehmen Sie ein großes Blatt Papier und schreiben Sie in die Mitte Ihren Namen.
- Nun schreiben Sie ringsherum die Namen der Menschen, mit denen Sie eine Beziehung verbindet. Je näher Ihnen der andere jeweils steht, desto näher steht sein Name am Mittelpunkt. Verbinden Sie die eingetragenen Namen mit Ihrem durch Linien.
- Sie können auch Verstorbene eintragen.
- Betrachten Sie das fertige Diagramm. Was ist wie erwartet, was hat Sie überrascht? Möchten Sie etwas verändern? Möchten Sie zu manchen Beziehungspartnern mehr Nähe oder mehr Distanz? Oder fühlen Sie sich wohl in Ihrem Beziehungsnetz?
- Nähe findet auf verschiedenen Ebenen statt – körperlich, geistig und gefühlsmäßig. Wahrscheinlich wird keine der aufgezeichneten Beziehungen auf allen Ebenen gleich intensiv sein. Wenn Sie mögen, wählen Sie für jede der Ebenen eine andere Farbe, zeichnen Sie damit die Verbindungslinien noch einmal und schauen Sie dann: Sind alle drei Ebenen vorhanden? Herrscht eine Ebene vor? Und wieder: Möchten Sie vielleicht die Qualität einer Beziehung verändern?

Das Löwenherz trainieren

Nehmen Sie sich vor, ein- bis dreimal in der Woche etwas Ungewohntes zu tun. So trainieren Sie Ihren Mut, und Ihr Leben wird interessanter.

Sie müssen nicht mit Bungee-Jumping beginnen. Kleinigkeiten tun es auch. Machen Sie eine Liste mit Dingen, die infrage kommen, damit Sie vorbereitet sind, wenn sich die konkrete Gelegenheit ergibt. Ein paar Beispiele:

- Beim Einkaufen an der Frischetheke jemanden Wildfremden ansprechen.
- Im Bad oder im Auto singen.
- Jemandem ein Kompliment machen. (Es muss aber ernst gemeint sein!)
- Wohin gehen, wo Sie noch nie allein waren.
- Den Mund öfter aufmachen, wenn Sie eher zurückhaltend sind, oder schweigen, wenn Sie eher der meinungsstarke Typ sind.
- Im Beruf eine neue Aufgabe übernehmen.

> »Mut beruht vor allem auf dem Willen,
> ihn zu haben.«
> Ellen Key

Gaben und Stärken

---•---

Freuen wir uns an unseren Begabungen,
an unseren Gaben! Sie sind ein Geschenk
des Lebens an uns. Sie wollen genutzt
sein, so wie Muskeln genutzt werden
möchten. Mit ihrer Hilfe gestalten wir die
Welt. Und oft besitzen wir sogar mehr
Fähigkeiten, als uns bewusst ist.

---•---

Lernen dürfen

———————— • ————————

Weil wir lernfähig sind, finden wir uns in neuen
Situationen zurecht. Wir lernen unser Leben lang
– und oft von Vorbildern.

An Kindern lässt sich das Lernen gut beobachten: Sie tun es spielend. Ihr Gehirn ist wie ein Schwamm, der Neues aufsaugt und mit dem Bisherigen verbindet. Dabei umfasst das Lernen mehr als nur die geistige Aufnahme von Informationen. Wir erwerben auch körperliche Fertigkeiten und bilden soziale Fähigkeiten aus. Das Lernenkönnen gehört zu den Ressourcen, die uns unser Leben lang begleiten. Es ermöglicht uns, dass wir immer wieder mit Veränderungen und neuen Situationen zurechtkommen. Dabei lernen wir nicht nur in Kursen und Weiterbildungen und nicht immer nach Plan. Das Leben selbst ist ein Lehrmeister, der uns stets neu fordert und Anreize schafft.

VORBILDER INSPIRIEREN UNS

Und woraus lernen wir? Wie schon gesagt: nicht nur aus Büchern. Wir tun es auch, indem wir uns von anderen abschauen, wie sie bestimmte Dinge angehen. Hier kommt ein wichtiger Begriff ins

Spiel: der des Vorbildes. Den Ausdruck dürfen wir dabei ruhig wörtlich nehmen: Uns steht ein Bild vor Augen, das uns inspiriert und uns anregt, selbst etwas zu versuchen.

Auch mal die Spur wechseln

Nach Sigmund Freud suchen wir uns Vorbilder aus, die wir als ähnlich wahrnehmen. Nur bei ihnen können wir uns vorstellen, dass wir Vergleichbares erreichen wie sie. Vorbilder sind also keine weit entfernten Idole, sondern sind uns auf unserem Weg nur ein Stück voraus. Eine Zeit lang folgen wir ihren Spuren, und dann entschließen wir uns, abzubiegen, oder wir verlieren sie aus den Augen, weil wir sie nicht mehr brauchen: »Ey, Vorbild, dank dir schön! Ich glaub, ich krieg es langsam selber hin«, heißt es in einem Lied der Rockband BAP.

Vor allem wenn sich in unserem Leben gerade viel ändert, kann es sein, dass wir noch mal ein Vorbild brauchen. Etwa bei einem beruflichen Wechsel eine nette Kollegin, von der wir uns etwas abschauen. Oder beim Älterwerden: Wen kennen wir, der mit den Zumutungen des Alterns vorbildhaft umgeht? So wie wir uns bis zuletzt entwickeln, so lernen wir auch nie aus im Leben. Und immer gibt es wen, in dessen Spur wir gehen können – eine Zeit lang wenigstens.

Fähigkeiten einsetzen

———————— • ————————

Zu wissen, was wir können, und uns daran zu
freuen – das gibt uns Zuversicht. Mit falscher
Eitelkeit hat das nichts zu tun.

»Selbstlob stinkt« lautet ein Sprichwort. Bescheidenheit steht höher im Kurs als Stolz. Und doch
gehört auch die Zufriedenheit mit uns selbst zu
den Ressourcen, die wir wertschätzen sollten.
Deshalb erlauben Sie sich doch mal eine richtig
umfassende Bestandsaufnahme Ihres Könnens
(siehe Seite 54). Eine, die auch vermeintliche
Kleinigkeiten würdigt.

DAS MÖGLICHE VERWIRKLICHEN

Ein anderes Wort für »Können« lautet »Vermögen«. In dem Wort steckt die Möglichkeit.
Wenn wir etwas vermögen, so ist es uns möglich.
Damit es wirklich wird, muss zum Können der
Entschluss hinzukommen, das Vermögen auch
einzusetzen – und dabei in Kauf zu nehmen, dass
nicht alles gleich auf Anhieb klappt.
Warum ist es wichtig, dass wir uns unseres Könnens bewusst sind? Die Antwort hierauf liegt

im Begriff der Selbstwirksamkeit, den der kanadische Psychologe Albert Bandura geprägt hat. Sich als selbstwirksam zu erleben heißt, zu erfahren, dass das eigene Handeln nicht im Nichts verpufft, sondern – zumindest ungefähr – die gewünschte Wirkung hat.

Selbstlob stärkt die Zuversicht

Wenn wir uns in der Vergangenheit als selbstwirksam erfahren haben, so wirkt sich das auf unsere Zuversicht (siehe Seite 15) aus. Wir sorgen uns dann weniger darum, ob wir künftige Aufgaben auch wirklich meistern können. Allerdings wird unsere Zuversicht nicht nur von tatsächlich erlebten Erfolgen geprägt, sondern auch von unserer Einschätzung dessen, wie hoch unser eigener Anteil am Erfolg war. »Ich hab halt Glück gehabt«, sagt vielleicht der eine. Die andere sagt: »Ich hab's eben gekonnt.« Es ist schon klar, wer von beiden zuversichtlicher an künftige Probleme herangeht, oder?

Deshalb: Seien Sie ruhig verschwenderisch mit Selbstlob! Schauen Sie genau hin auf das, was Sie können und was Sie gut gemacht haben. Sie stärken sich damit für künftige Herausforderungen. Und außerdem dürfen wir uns an dem, was wir können, ja auch einfach freuen – diese Freude gehört zu unseren Kraftquellen.

Verantwortung tragen

———— • ————

Es gibt uns selbst etwas, wenn wir Verantwortung übernehmen: Wir spüren unsere Kraft und dass wir zu einer Gemeinschaft gehören.

Ein großes Wort ist das: Verantwortung. Zu groß? Die »Antwort« steckt in diesem Wort, und das bedeutet zweierlei. Erstens: Wer Verantwortung trägt, muss antworten können auf die Frage, warum er in einer Situation so gehandelt hat und nicht anders. Verantwortlich handeln heißt also, sich über die eigenen Gründe und Motive klar zu sein. Und zweitens besteht die Antwort in »Verantwortung« darin, dass wir mit unserem Verhalten auf eine konkrete Situation antworten. Wir erkennen, dass wir handeln müssen – und tun es.

WICHTIG: DAS GUTE MASS

Sicher kennen Sie das aus Ihrem Alltag: Sie sehen, wo Not am Mann ist, Sie spüren, dass Ihre Initiative gebraucht wird – und Sie werden aktiv. Vielleicht mit dem Gedanken »Das muss ich jetzt einfach machen«. Mit Betonung auf dem »muss«. Manche Redewendungen lassen darauf schließen, dass dieses Müssen eine Last sein kann: Wir »übernehmen« Verantwortung, wir »tragen« sie. Wirklich gibt es Aufgaben, die zunächst als zu groß erscheinen, und manche sind es tatsächlich. Das heißt: Es kommt auf das Maß an. Wenn wir Verantwortung tragen, sollen wir uns nicht selbst aufopfern, sondern das tun, wozu wir in der Lage sind. Nicht mehr. Denn verantwortlich sind wir immer auch für uns selbst

Verantwortung ist immer »für«

Das Wörtchen »für« zeigt: Verantwortung ist stets auf jemanden oder etwas bezogen. Einem Menschen soll es gut gehen, eine Sache soll gelingen. Und wir können dazu beitragen, wir können (mit-)verantwortlich sein. Warum? Weil wir zum Kreis derjenigen gehören, die es betrifft und denen man zutraut, etwas zu bewirken – weil wir die entsprechenden geistigen, sozialen, hand- werklichen oder anderen Fähigkeiten besitzen. Damit aber sind wir bei dem Grundthema dieses Kapitels angekommen: Gaben entfalten. Wenn wir Verantwortung übernehmen, so spüren wir unsere Kräfte, die wir dabei einsetzen – ähnlich wie beim Körpertraining. Und wenn das, was wir angepackt haben, gelingt und wir erleben, dass etwas Gutes daraus entstanden ist, dann beflügelt uns das wiederum selbst.

Etwas weitergeben

———————— • ————————

Wissen, Erfahrungen und Fertigkeiten, aber auch materielle und kulturelle Werte: Wir haben viel weiterzugeben.

Geben und Nehmen bilden zusammen ein Wechselspiel in unserem Leben. In manchen Phasen nehmen wir mehr, in anderen geben wir mehr. Vor allem ab der mittleren Lebenshälfte spielt das Geben eine größere Rolle. Der US-amerikanische Psychoanalytiker Erik H. Erikson hat dafür den Begriff »Generativität« geprägt, abgeleitet vom lateinischen »generare« – »erzeugen, erschaffen«. Er meint unser Bedürfnis, selbst etwas zu erschaffen und es für Jüngere, auch für nachfolgende Generationen, zu hinterlassen.

ALLE HABEN WAS DAVON

US-amerikanische Studien haben gezeigt: Wer andere großzügig teilhaben lässt an dem, was er zu bieten hat, der ist zufriedener und selbstbewusster. Aber was lässt sich alles weitergeben? Die Palette ist groß. Sie umfasst Wissen, Kenntnisse, Erfahrungen und Fertigkeiten ebenso wie Dinge, die wir geschaffen haben – materielle und kulturelle Werte. Und wir müssen nicht selbst

Kinder großziehen, um Jüngeren etwas geben zu können. Wir können uns auch auf andere Weise engagieren, Verantwortung übernehmen und Jüngere fördern. Auch sehr alte Menschen, sagt Erikson, haben noch etwas zu geben. Er prägte hierfür den Begriff der Großgenerativität. Wer an die Gelassenheit und Weisheit so mancher sehr alter Menschen denkt, weiß, was hier gemeint ist. Generativität zeigt sich auch darin, dass wir gern Neues erschaffen. So ist sie mit der Kreativität (siehe Seite 130) verwandt.

Wir müssen nicht perfekt sein

Sich der eigenen Generativität bewusst zu sein ist ein wunderbares Gegenmittel gegen den Frust des Älterwerdens. Immer wenn wir das Gefühl haben, wir könnten in manchem nicht mehr mithalten (aber nicht nur dann), sollten wir uns auf unser Potenzial des Weitergebens besinnen. Dann können wir uns fragen: Was bringe ich, ganz speziell ich, in diese Welt ein? Welche Spur kann ich hinterlassen?

Auf Perfektion kommt es dabei nicht an. Wir müssen nicht Meister in etwas sein, bevor wir es weitergeben dürfen. Einige Erfahrung darin genügt schon, und dazu noch das Wissen: Das, was ich beizutragen habe, besitzt seinen ganz eigenen Wert.

Übungen für den Alltag

---•---

Auch in diesem Kapitel finden Sie wieder Besinnungsübungen, für die Sie sich ein wenig Zeit nehmen sollten. Andere Übungen können als gute Gewohnheit in Ihren Alltag eingehen.

Ein Versuch in Unbescheidenheit

Zu dieser Übung müssen Sie sich vielleicht ein wenig überwinden, denn sie widerspricht aller anerzogenen Bescheidenheit.

Wenn Sie beim ersten Schritt ein Selbstlob-stinkt-Gefühl überkommt, entgegnen Sie ihm mit einem Lächeln und dem Gedanken: »Selbstlob ist genauso wichtig wie Selbstkritik.«

• Schreiben Sie alles auf, worin Sie gut sind – angeborene Eigenschaften und Fähigkeiten ebenso wie Erlerntes. Seien Sie so richtig unbescheiden. Und befragen Sie auch andere, welche Stärken sie in Ihnen sehen.

- Betrachten Sie die Ergebnisse daraufhin, ob Ihnen Situationen aus Ihrem Leben dazu einfallen. Sei es, als Sie das Betreffende erlernt oder zum ersten Mal als Stärke an sich entdeckt haben, seien es spätere Gelegenheiten, als Sie Ihre Stärke anwendeten.
- Gab oder gibt es Vorbilder, an denen Sie sich bei der jeweiligen Fähigkeit orientiert haben? Haben diese Vorbilder heute noch eine Bedeutung für Sie, oder gehören sie ausschließlich in Ihre Vergangenheit?
- Machen Sie eine zweite Liste, eine Wunschliste: Was möchten Sie noch können im Leben? Denken Sie hierbei nicht nur an eventuell ungenutzte Talente, sondern auch an Eigenschaften, die Sie vielleicht jetzt erst entwickeln oder fördern möchten, weil sie mittlerweile gut zu Ihrem Lebensalter passen.
- Wie können Sie das Betreffende erreichen?
- Fallen Ihnen hierzu Vorbilder ein? Warum gerade diese? Was macht sie besonders?

Mit unseren Fähigkeiten ist es genau so wie mit der Wasserquelle, von der im ersten Kapitel die Rede war (siehe Seite 6): Wir übersehen sie leicht. Dabei ist es wichtig, dass wir uns ihrer bewusst werden und bleiben. Denn das stärkt unser Selbstvertrauen und unterstützt uns bei unserer Weiterentwicklung.

Wiedersehen mit Vorbildern

Wie wäre es wohl, die Menschen noch einmal zu sehen, die einst Vorbild für uns gewesen sind? Mit einer Imagination ist das möglich.

In der vorigen Übung war schon von Vorbildern die Rede. In dieser Übung können Sie sie einmal wiedersehen – in der Fantasie. Die Übung beginnt mit einer kleinen Atem-Einheit.

- Setzen Sie sich aufrecht, aber bequem auf einen Stuhl oder ein Sitzkissen und schließen Sie die Augen. Gehen Sie gedanklich einmal durch Ihren Körper und lassen Sie überall die Muskeln los, die noch angespannt sind: Beine, Bauch, Schultern, Arme, Kiefermuskeln … Atmen Sie in dem Rhythmus, den Ihr Atem Ihnen vorgibt, ein und aus und warten Sie nach dem Ausatmen, bis das Einatmen von selbst wieder kommt.
- Nach ein paar Atemzügen stellen Sie sich innerlich einen Ort vor, an dem Sie gern die Menschen empfangen möchten, die einst Vorbilder für Sie gewesen sind. Malen Sie sich den Ort lebendig aus: Ist er im Freien oder im Haus? Wie sieht es dort aus?

- Wenn alles eingerichtet ist, lassen Sie Ihre Vorbilder kommen. Begrüßen Sie jedes einzeln und lassen Sie sich überreichen, was er oder sie als Gastgeschenk mitgebracht hat. Das Geschenk steht für das, was Sie einst von ihm gelernt haben. Sagen Sie demjenigen auch, warum er seinerzeit wichtig für Sie war.
- Wenn Sie mit allen gesprochen haben, können sich die Gäste in Ruhe wieder verabschieden. Atmen Sie noch ein paarmal bewusst ein und aus, öffnen Sie dann die Augen und kehren Sie ins Hier und Jetzt zurück.

»Als ich … lernte«

Diese Übung stellt eine weitere Variante der »Unbescheidenheitsübung« von Seite 54 im Sinne einer Vertiefung dar.

Erinnern Sie sich noch daran, wie Sie Schreiben, Radfahren, Tanzen, eine Fremdsprache oder … lernten? An die ersten Versuche, wer Ihnen dabei half und wie es Ihnen schließlich immer besser gelang? Rufen Sie sich eine Szene aus dieser Phase des Lernens in Erinnerung und schreiben

Sie sie als Geschichte auf – mit allen Details. Folgende Fragen können Sie dabei inspirieren:
Wie alt waren Sie damals, und wo lebten Sie?
Welche Jahreszeit war? Wer lehrte Sie, und gab es jemanden, der mit Ihnen lernte? Woran merkten Sie die Erfolge? Was taten Sie bei Rückschlägen? Welchen Platz nimmt das Gelernte heute in Ihrem Leben ein? Mit diesem letzten Punkt kann Ihre Geschichte enden: »Heute ...«
Wenn Sie keine Geschichte schreiben möchten, so ergibt sich vielleicht einmal die Gelegenheit, jemandem von der Lernerfahrung einfach mündlich zu berichten.

Anders antworten

Falls Sie den Eindruck haben, Verantwortung allzu automatisch zu übernehmen, versuchen Sie doch bei nächster Gelegenheit, nicht gleich »Ja« zu sagen und einmal anders zu reagieren.

Verantwortung zu übernehmen, das kann eine Kraftquelle für uns sein, weil wir uns gebraucht fühlen und erleben, wozu wir in der Lage sind. Aber manchmal fühlen wir uns auch zu schnell in der Pflicht. Vielleicht, weil wir das, was gefragt ist, besonders gut können oder weil auf den ersten Blick niemand anderer da ist, der es übernehmen würde. Auf diese Weise kommt gern eine Verpflichtung zur anderen, sodass mehr an uns hängen bleibt, als wir tragen können.

- Antworten Sie nicht reflexartig mit »Ja klar« oder melden Sie sich nicht wie automatisch von sich aus, sondern warten Sie einen Moment. Schauen Sie, ob Sie die Aufgabe jetzt wirklich übernehmen können und müssen. Haben Sie die Kapazitäten? Wie dringend ist das Anliegen? Gibt es andere, die ebenfalls etwas tun und mit denen Sie sich die Aufgabe eventuell teilen können? Testen Sie auch mal, was geschieht, wenn Sie sich wirklich nicht melden. Bleibt die Sache dann unerledigt?
- Falls Sie zusagen: Vereinbaren Sie den Umfang Ihres Einsatzes, sodass Sie wissen, wo Ihre Verpflichtung endet.

Manchmal verweigern wir uns ja nur deshalb nicht, um uns nicht unbeliebt zu machen. Haben Sie die Befürchtung, dass Sie sich mit einer Abgrenzung den Unwillen anderer zuziehen könnten? Und wenn: Wie gravierend wäre das für Sie? Wie würde sich das Bild verändern, das andere von Ihnen haben, wenn Sie öfter als bisher »Nein« sagen?

Der Perfektion Grenzen setzen

Gehören Sie auch zu den Menschen, die gern alles hundertprozentig machen möchten? Dann haben Sie sicher schon festgestellt, dass es sich mit dieser Einstellung ziemlich anstrengend lebt.

Es ist deshalb eine gute Übung, sich im Alltag immer mal wieder zu sagen: »So ist es gut genug.« Oder: »Ich muss nicht perfekt sein.«

- Überlegen Sie doch einmal, in welchen Bereichen Sie besonders zum Perfektionismus neigen. Immer wenn dann eine entsprechende Situation eintritt, weisen Sie Ihren selbst auferlegten Anspruch mit der Formel: »So ist es gut genug« in die Schranken.
- Suchen Sie sich einen Bereich, in dem Sie gefahrlos ausprobieren können, wie sich »unperfektes Handeln« anfühlt. Also etwas, wo es nicht so drauf ankommt, dass alles hundertprozentig ist. Hier geben Sie dann mal nur neunzig Prozent – oder vielleicht nur achtzig. Wenn sich daraufhin der innere Kritiker zu Wort meldet, erklären Sie ihm, dass Sie schließlich in Sachen Leistung nicht ständig auf der Überholspur leben können.

Auf den eigenen Beitrag besinnen

Die eigenen Fähigkeiten zu nutzen, um diese Welt ein wenig mitzugestalten, das ist sehr bereichernd.

Stellen Sie sich immer wieder einmal die folgenden Fragen. Nicht, um sich zu mehr anzutreiben, sondern, um zu entdecken, was schon da ist: Ihren ganz speziellen Beitrag. Sind Sie zum Beispiel ein Mensch, der andere gern zum Lachen bringt? Der tatkräftig unterstützt? Der gut organisieren kann? Oder sind Sie eher träumerisch und bereichern andere mit Ihren unkonventionellen Einsichten? Aber auch ganz praktisch: Haben Sie Projekte ins Leben gerufen, in der Arbeit oder im Ehrenamt, die eine Weile und vielleicht bis heute Bestand hatten oder haben? All dies ist Ihre ganz eigene Spur, die Sie hinterlassen haben und die aus der Geschichte der Welt nicht mehr wegzudenken ist.

»Alles Tun wirkt weiter, jede Handlung lebt fort, strebt immer, erzeugt Früchte, und deren Spur verliert sich nicht.«

Jeremias Gotthelf

Die vier Elemente

———— • ————

Feuer, Wasser, Erde und Luft mischen sich nach alter Lehre in unserem Körper, sie spiegeln uns unser Wesen wider. Zu welchem der vier Elemente zieht es Sie besonders? Es wird Sie (wieder) in Ihre Balance bringen.

———— • ————

Feuer für Energie

———————— • ————————

Es spendet Licht und Wärme, es reinigt und
verzehrt. Das Feuer steht für Impulsivität und
Zielstrebigkeit.

Es begegnet uns heute meist in gezähmter Form:
als ruhige Flamme über der Kerze, als Freizeit-
vergnügen im Grill oder Kamin und als funkeln-
des Spektakel am dunklen Silvesterhimmel. Vor
fast 800000 Jahren haben wir Menschen uns das
Feuer dienstbar gemacht. Jahrtausende hindurch
half es uns dabei, unsere Nahrung zuzubereiten,
es wärmte uns, hielt wilde Tiere fern und brachte
Licht in unsere Nächte. Doch müssen wir es bis
heute bewachen und in Grenzen halten, damit es
seine Kraft nicht gegen uns selbst kehrt.

HÜTEN WIR DAS FEUER

Nach griechischer Sage hat Prometheus einst den
Göttern das Feuer geraubt: Er stahl Funken vom
Sonnenwagen, um sie den frierenden Menschen
zu schenken. Das Feuer steht für Wärme, Hitze
und Trockenheit. Seine Farbe ist das Rot, seine
Himmelsrichtung der Süden. Wenn Sie Wärme
und Licht lieben, wenn Sie sich bei Hitze so richtig wohlfühlen, dann ist das Feuer Ihr Element.

Die Vier-Temperamente-Lehre der alten Grie-
chen erklärt den menschlichen Charakter aus
einer Mischung der vier Elemente Feuer, Wasser,
Erde und Luft. Auch wenn dieses Menschenbild
medizinisch überholt ist, kann es uns doch dazu
anregen, uns mit uns selbst zu beschäftigen, und
so zu größerer Selbsterkenntnis führen. Den feu-
rigen, cholerischen Typ beschreibt diese Lehre
als temperamentvoll und zielstrebig, jedoch
ebenso als aggressiv. Unser inneres Feuer gilt es
also ebenfalls gut zu hüten.

Phönix aus der Asche

Dem Feuer wird auch eine reinigende Wirkung
zugeschrieben. Von ihr und damit vom ewigen
Kreislauf aus Sterben und Wiedergeburt in
der Natur zeugt der Mythos des Phönix, jenes
Vogels, der als Verkörperung des ägyptischen
Sonnengottes galt: Am Ende seines Lebens
verbrennt er – um dann aus der eigenen Asche
neu zu erstehen. Ein tröstlicher Kreislauf, so wie
auch die Sonne selbst, dieser Feuerball, allmor-
gendlich von Neuem am Himmel steht. Nicht
nur, wenn uns innerlich oder äußerlich kalt ist,
erinnert uns jede noch so kleine Kerze an diesen
Kreislauf und daran, dass es das für uns gibt:
Wärme, Licht und ein immer neues Aufflammen
unserer Energie.

Wasser für Feingefühl

———— • ————

Im Wasser ist das Leben entstanden, in allem Lebendigen ist Wasser. Es ist anpassungsfähig und steht für Nachgiebigkeit und Intuition.

Das Wasser ist die Geburtsstätte des Lebens und wirkt bei allen Lebensprozessen mit. Im Wasser, am Grund der Ozeane, entstanden die allerersten, winzigsten Bausteine des Lebens, und Wasser macht 70 Prozent unseres Körpergewichts aus. Viele Mythen ranken sich um dieses Element. In ihnen spiegelt sich die Bedeutung wider, die das Wasser für uns und alles Lebendige besitzt. Manche Gewässer galten einst als heilig, und reinigende Wasserrituale, wie die christliche Taufe, gibt es in vielen Religionen.

WASSER SCHMIEGT SICH AN

Das Wasser verkörpert die Nachgiebigkeit und Anpassung. Es schmiegt sich an und ist daher im engen Kontakt mit dem, was in unmittelbarer Nähe liegt. Deshalb steht es auch für Intuition, Einfühlsamkeit und Feingefühl. Als Sinnesempfindungen sind ihm Feuchte und Kühle zugeordnet, als Himmelsrichtung der Norden, und seine Farbe ist das kühle Blau. Wenn das Feuer die Energie verkörpert, so steht das Wasser für Ruhe und Langsamkeit – der Phlegmatiker ist sein typischer Charakter. Doch in dieser Ruhe liegt auch eine große Kraft. Die zeigt sich zum Beispiel, wenn Dämme brechen.

So duftet das Leben

Die Symbolik des Wassers lässt sich besonders gut am Ufer eines Flusses erleben. Das stetige Dahinfließen erinnert uns daran, wie die Zeit verrinnt und dass alles sich immerfort verändert. Wasser trennt und verbindet, auch das lässt sich an Flüssen sehen: Ländergrenzen folgen häufig ihrem Lauf, andererseits lassen sich per Schiff Landwege abkürzen. Und ist unser Bewusstsein nicht wie ein breiter Strom, auf dem unsere Gedanken wie bunte Papierschiffchen tanzen? Auch tun wir gut daran, uns nicht über den Regen zu ärgern. In trockenen Regionen gilt er als Lebensquell, als Zeichen himmlischer Gunst. Vor allem im Sommer, wenn nach langer Hitze endlich Wolken aufziehen und dicke Tropfen am Boden aufplatzen, dann sollten wir rasch ins Freie gehen und tief einatmen: Niemals duftet es draußen besser als jetzt – nach sanfter Kühle, nach feuchter Erde, nach Leben.

Luft für Leichtigkeit

───────── • ─────────

Frei atmen, sich inspirieren lassen. Leicht sein und
die Abwechslung genießen – all dies verbinden
wir mit dem Element der Luft.

Wir empfinden sie als schwerelos, als frei von
allem Materiellen. Wir bewegen uns in ihr und
holen sie über den Atem in uns hinein: die Luft.
Auch sie ist also überlebenswichtig für uns.
In sämtlichen frühen Kulturen wird der Atem
mit dem Geheimnis des Lebens in Verbindung
gebracht. »Atman«, so heißt im Hinduismus das
Selbst jedes einzelnen Menschen, das letztlich
mit »Brahman«, der Weltseele, eins ist. »Prana«
bedeutet »Atem« und ebenso »Lebenskraft«.
Und auch im Wort »Inspiration« begegnen uns
der Lufthauch und die Beseelung, Begeisterung.

SINNBILD DES WECHSELS

Tatsächlich ist ja die Luft flüchtig wie eine
begeisternde Idee, sie lässt sich nicht greifen.
Wo sie sich als Element in die Dinge mischt,
geht es daher unbeschwert, heiter, aber auch ein
wenig wechselhaft zu. Stets verändert sich die

Luft, stets beginnt etwas Neues. Der Osten als Himmelsrichtung des Neuanfangs ist ihr deshalb zugeordnet, dazu die Farbe Gelb und als Sinnesempfindungen Hitze und Feuchtigkeit. Luftmenschen, heißt es, haben viel Fantasie und sind sehr kommunikationsfreudig und flexibel. Aber diese sogenannten Sanguiniker können sich auch leicht verzetteln und verlieren.

Durchatmen und Freiraum suchen

Die Bedeutung der Luft für alles Lebendige – nicht nur für die Pflanzen, sondern auch für uns Menschen – beschreibt Hildegard von Bingen: Die Luft sendet Tau aus und lässt das Leben, die Lebenskraft, sprießen. Als Wind sorgt sie dafür, dass alles zur Blüte kommt, und als Wärme bewirkt sie, dass alles reift. In unserem Alltag sorgt die Luft für Weite und Spielraum. Immer wenn wir uns eingeengt fühlen, wenn uns etwas bedrückt, dann können wir uns auf dieses Element besinnen und es bewusst suchen: im tiefen Durchatmen, bei einem Spaziergang, indem wir in den Himmel schauen und uns vom Wind tüchtig durchpusten lassen. Das schenkt uns neue Kraft. Und wie Segelschiffe, die sich vom Wind über die Meere tragen lassen, so können auch wir auf unseren Fantasien, Ideen, Inspirationen vorwärts zu neuen Ufern segeln.

Erde für den Halt

—————— • ——————

Die Erde trägt uns ganz beständig, sie steht für
Festigkeit und Fruchtbarkeit. In ihrer Tiefe steckt
mehr, als von außen zu ahnen ist.

Sie ist das unspektakulärste der vier Elemente:
immer da, immer zu unseren Füßen, dabei oft
wenig beachtet. Und bei Müdigkeit oder im
Älterwerden spüren wir ihre Anziehungskraft als
Schwere, gegen die wir ankämpfen müssen. Aber
die Erde schenkt uns auch Halt: Ohne sie wären
wir nicht – geerdet!

WIR BRAUCHEN ERDUNG

Wo die Erde als Element ausreichend mit im
Spiel ist, verlieren wir uns also nicht in Luft-
schlössern. Es gibt Menschen, die wohnen deshalb gern parterre: Weil sie so einen besseren
Kontakt zur Erde haben. Überhaupt – das Wort
»Erde«: Alles steckt darin, vom Planeten bis zu
den Krümeln im Gartenbeet. Es lohnt sich, in
die Tiefe zu gehen. Im Dunkel der Erde verbirgt sich so mancher Schatz. Und die Vulkane
zeigen: Unter der scheinbar verschlossenen
Kruste herrscht Bewegung, steckt immer noch
brodelnde Energie. Auch die äußere Gestalt der

Erde, die Landschaft, besitzt ihre eigene Symbolik: Männlichkeit und Weiblichkeit finden sich im aufragenden Berg und im fruchtbaren Tal wieder. Die Höhle ist Sinnbild des Weiblichen, zugleich führt sie in die Unterwelt. Weshalb die Erde in der griechischen Mythologie zum Unterweltgott Hades gehört.

Die Erde als Große Mutter

Nach alter Lehre verkörpert die Erde Beständigkeit und Festigkeit, sie kann aber auch etwas Starres haben. Kühle und Trockenheit werden ihr zugeordnet, der Westen und – als Temperament – die Melancholie gehören zu ihr, dazu die Farben Braun und Grün. Die Erde ist eine der Erscheinungsformen der Großen Mutter. Dieses Urbild ist nach der Archetypenlehre C. G. Jungs in unserer Vorstellung verankert als Bild einer gebärenden, nährenden, schützenden und weisen Frau, die allerdings auch verschlingende Züge haben kann.

Mit der ihr eigenen Beständigkeit ist die Erde in unserem Alltag für uns da. Wir brauchen nur unsere Sinne auf sie zu richten. Trennen wir uns also nicht zu lange von ihr – durch Stühle oder hohe Stockwerke. Immer wenn wir Halt brauchen, können wir uns auf sie besinnen wie auf eine große Mutter und neue Kraft aus ihr ziehen.

Übungen für den Alltag

———————— • ————————

Die vier Elemente umgeben uns, wo auch immer wir sind. Mit ihrer Symbolik und ihrer Wirkung auf unsere Sinne können sie zu Kraftquellen für uns werden. Die folgenden Übungen und Anregungen helfen Ihnen dabei, die Kraft der Elemente für sich zu nutzen.

Mein Element für heute

Welches Element entspricht Ihrer Seelenlage zurzeit am meisten? Zu welchem fühlen Sie sich besonders hingezogen?

Zu dieser Übung brauchen sie je ein Chiffontuch in den Farben Rot (Feuer), Blau (Wasser), Gelb (Luft) und Grün oder Braun (Erde).

- Legen Sie die Tücher an den vier Ecken eines imaginären Vierecks auf dem Fußboden aus, jeweils im Abstand von mindestens zwei Schritten zwischen den Tüchern.

- Gehen Sie nun zu jedem Tuch und lassen Sie die Farbe und das in ihr ausgedrückte Element auf sich wirken. Sie können sich dazu gerne auch hinsetzen.
- Bei welchem Tuch würden Sie jetzt am liebsten bleiben? Welcher Standort spricht am meisten in Ihnen an, wo schwingen Sie innerlich am besten mit? Es sind auch Zwischenpositionen zwischen den Elementen möglich.
- Wenn Sie den Platz gefunden haben, der für Sie am stimmigsten ist, bleiben Sie dort. Sie können sich wieder niederlassen oder eine Haltung einnehmen, die zu diesem Element und der von ihm verkörperten Stimmung passt. Was bedeutet dieses Element zurzeit für Sie? Fällt Ihnen ein Wort oder Satz dazu ein?

Wenn Sie die Übung regelmäßig wiederholen und die Ergebnisse notieren, dann kann sich ein Muster zeigen – eine konstante Vorliebe oder eine Verbindung zu äußeren Faktoren wie etwa bestimmten Landschaften oder Jahreszeiten, in denen jeweils ein Element besonders deutlich zu erleben ist: im Gebirge die Erde zum Beispiel, am Meer das Wasser und die Luft, im Süden das Feuer … Erkennen Sie sich selbst darin wieder? Ist es gut so, oder haben Sie das Bedürfnis, einen Ausgleich zu schaffen, weil Ihnen ein einziges Element doch zu sehr vorherrscht?

Spüren, wie die Erde trägt

Mit der folgenden Meditation können Sie sich die Erfahrung des Gehens bewusst machen.

Gehen Sie bewusst immer wieder einmal barfuß im Garten und in der Wohnung herum. Denn zusammen mit den Augen sind die Füße die beiden wichtigsten Mitspieler, wenn es um unsere Körperhaltung geht.

- Gehen Sie im Raum oder draußen auf einem Stück Rasen umher, bis sich ein gutes Gleichmaß einstellt.
- Richten Sie Ihre Aufmerksamkeit nun ganz auf das Gehen: Welche Fußpartien lösen sich zuerst vom Boden? Welche kommen zuerst wieder auf? Wie hoch schwebt der Fuß in der Luft, welche Linie beschreibt er? Welche Muskeln sind beteiligt? Verfolgen Sie das Muskelspiel durch den Körper hindurch.
- Falls Sie wegen unterschiedlicher Beinlängen nicht ohne Einlagen gehen können, versuchen Sie, im Stand Ihre Fußsohlen zu aktivieren. Gleichen Sie dabei das kürzere Bein mit einem Karton in passender Dicke aus. Durch verschiedene Materialien, die Sie unter die Füße

legen, sowie durch Wippen, Schaukeln und Wechseln von einem Bein auf das andere können Sie unterschiedliche Reize setzen.

Den Schutzkreis ausmalen

Orange ist die Farbe der Lebenskraft schlechthin. Je mehr es in ein klares Gelb tendiert, desto lichtvoller und durchgeistigter wirkt es.

Die Atemphysiotherapeutin Barbara Lutz (siehe Seite 142) hat eine Übung entwickelt, die mit dieser Farbe arbeitet.

- Setzen Sie sich aufrecht auf einen Hocker oder einen Stuhl ohne Armlehnen.
- Stellen Sie sich nun vor, dass Sie Farbe auf den Handflächen haben – am besten ein leuchtendes Orange.
- Reiben Sie Ihre Handflächen aneinander und malen Sie etwa eine Minute lang den Raum um sich herum mit der Farbe aus, so weit Sie im Sitzen kommen. Strecken, dehnen und beugen Sie sich dafür in alle Richtungen – nach oben, nach hinten, zur Seite und nach unten. Die Fußsohlen bleiben dabei auf dem

Boden. Stellen Sie sich bei der Bewegung vor, dass Sie einen Kokon von innen ausmalen – Ihren ganz persönlichen Schutzkreis.

- Nach einer Minute stellen Sie sich hin und malen zwei Minuten im Stehen weiter.

Mit dieser Übung holen Sie Ihren Atem in die Körperregionen, die Sie jeweils dehnen. Sie wirkt wohltuend besonders dann, wenn Sie lange gesessen oder gestanden haben.

Die Sinne nähren (I)

Durch die Beschäftigung mit den Elementen entdecken wir die Vielfalt unseres Körpers und das Wunder der Sinne neu.

Versuchen Sie einmal zu ergründen, mit welchen Sinnen Sie die Elemente jeweils wahrnehmen: mit den Augen, mit dem Tastsinn, mit dem Geruchs- und dem Geschmackssinn, mit den Ohren …? Sie können dazu Alltagssituationen nutzen, wenn sie Ihnen etwas Freiraum dafür lassen, zum Beispiel, wenn Sie ohne Eile irgendwohin gehen, aber auch beim Sport, beim Essen oder wenn Sie unter der Dusche stehen. Und natürlich können Sie – mit genügend Zeit – auch eine gesonderte Übung daraus machen.

Doch ob Sie es nun nebenbei tun oder als eigene Übung: Seien Sie nicht vorschnell mit den Ergebnissen. Denn meist sind mehr Sinne beteiligt, als man zunächst denkt. Umgekehrt verbinden sich fast immer mehrere Elemente zu einer Wahrnehmung. Wenn wir zum Beispiel barfuß auf einer Wiese stehen, so spüren wir die Erde auf unterschiedliche Weise: Wir nehmen die Gräser und Erdkrumen unter unseren Fußsohlen mit der Haut wahr und spüren auch die Erdanziehungskraft, der wir mit unseren Muskeln entgegenwirken müssen. Wir schnuppern die frische Natur und spüren den Luftzug auf unserer Haut. Vielleicht schmecken wir auch etwas. Ganz zu schweigen von Augen und Ohren, die eine besondere Fülle wahrnehmen ...

Wenn Sie einmal mit dieser Art der bewussten Wahrnehmung begonnen haben, werden Sie sie immer wieder anwenden wollen. So wird Ihre Achtsamkeit immer größer.

> *»Alle Charaktere sind aus denselben Elementen zusammengesetzt; nur die Proportionen machen den Unterschied aus.«*
>
> Théodore Simon Jouffroy

Haltung und Lebensart

•

Es gibt unterschiedliche Arten, auf die Welt zuzugehen. Immer aber wirkt unsere Haltung auf uns zurück. Wenn wir uns bemühen, achtsam und gelassen zu sein, heiter und dankbar, so kultivieren wir damit eine Grundeinstellung, die uns wiederum Halt gibt.

•

Achtsam sein

————————— • —————————

Sie ist ein wirksames Gegenmittel gegen den Stress des Multitaskings. Die Achtsamkeit hilft uns, bewusster und im Jetzt zu leben.

Den Wert der Achtsamkeit haben zuerst die buddhistischen Mönche erkannt. Sie bezeichnen die rechte Haltung, die der Meditierende einnehmen soll, als Achtsamkeit. Damit meinen sie eine Aufmerksamkeit, die alle Ebenen umfasst: die der Sinne, der Gefühle und ebenso des Geistes und der Gedanken. Achtsam zu sein bedeutet demnach nicht, alles nur ganz vorsichtig zu handhaben. Vielmehr meint es, ohne Bewertung wahrzunehmen, was ist – innen und außen.

DIE FÜLLE WAHRNEHMEN

Anders als bei der Konzentration ist die Aufmerksamkeit dabei nicht auf einen Punkt – zum Beispiel Lesen, Kochen oder Musikhören – fokussiert, sondern bezieht die ganze Fülle dessen ein, was wahrgenommen wird: Geräusche, Gerüche, das eigene Gefühl … Achtsamkeit geht also mit großer Wachheit einher.

Für unseren Alltag, der allzu oft unter dem Gesetz des Multitaskings steht, ist das Konzept

der Achtsamkeit eine große Bereicherung. Denn
es fordert von uns, dass wir uns nur mit dem
befassen, was im Moment ist. Dass wir nur dem
Jetzt unsere Aufmerksamkeit schenken. Nur?
In Wirklichkeit ist das ganz schön viel. Denn
wie viele Signale unseres Körpers, unserer Sinne
strömen in jedem Moment auf uns ein? Wie
viele Gefühle und Gedanken über Vergangenes
und künftig Mögliches verbinden wir mit diesen Wahrnehmungen, meist ohne dass es uns
bewusst ist?

Die achtsame Haltung praktizieren

Wer Achtsamkeit übt, versteht leichter, was ihm
sein Körper sagen will, und kann unangenehme
Empfindungen besser ertragen. Der ist seinen
Gefühlen, Bewertungen und oft genug auch Grü-
beleien nicht hilflos ausgesetzt, sondern kann es
erkennen, wenn sie gar nichts mit dem zu tun
haben, was jetzt gerade ist. Durch die stete Rück-
besinnung auf den Moment können wir diesen
mitgeschleppten Ballast, den wir so oft mit
unserem momentanen Erleben verbinden, davon
wieder trennen und ihn loslassen. Und wie jede
Haltung ist die Achtsamkeit nicht nur eine Sache
des Wollens, des Entschlusses. Sie muss eingeübt
und regelmäßig praktiziert werden. Dann kann
sie ihre gute Wirkung im Alltag entfalten.

Gelassen sein

———————— ● ————————

Sie ist mehr als nur Ruhe und Ausgeglichenheit:
Radikale Gelassenheit bedeutet, rein gar nichts
mehr zu erstreben.

Unter Gelassenheit verstehen wir zunächst
eine Haltung freundlicher Ausgeglichenheit.
Wer gelassen ist, den bringt so schnell nichts
aus der Ruhe, denn er ruht in sich. Es wirkt so,
als umhülle ihn eine Schutzschicht, sodass ihn
nichts so schnell angreifen und stressen kann.
Bereits das ist eine lohnenswerte Haltung.
Doch das Wort »Gelassenheit« meint seit vielen
Jahrhunderten noch mehr: Gelassen war im
Mittelalter jemand, der sich selbst gelassen und
Gott überlassen hatte. Eindrücklich sind hierzu
die Predigten des Theologen und Philosophen
Meister Eckhart. Wie alle christlichen Mystiker
verkündete er als höchstes religiöses Ideal die
Vereinigung des Gläubigen mit Gott.

ALLES LASSEN
Diese Vereinigung, so sagt Meister Eckhart,
erfordert nicht etwa Ruhe und Sammlung, sondern einen totalen Verzicht auf eigene Aktivität –
also auch auf das Bemühen, ruhig zu werden und

sich zu sammeln. Es geht darum, einfach alles zu lassen: alle Gedanken, alle Taten, alle Wünsche, alles Wissen. Was aber bleibt übrig, wenn das alles ge-lassen ist? Eine völlig geleerte Seele, sagt Meister Eckhart. Und die wiederum findet die Verbindung zum Göttlichen.

Das Paradox des Nichtwollens

Wir alle tragen diese Verbindung am Grund unserer Seele in uns, als Seelenfunken. Der zeigt sich freilich immer nur kurz. Er kann nicht von Dauer sein. Aber wir können ihn stets wieder anstreben – in jener paradoxen Haltung, dass wir gleichzeitig nichts erstreben, nichts wollen, sondern loslassen. Uns lassen. Uns überlassen. Wem? Meister Eckhart war ein christlicher Mystiker, aber wir dürfen uns frei fühlen, an die Stelle des Göttlichen das zu setzen, was unserer Überzeugung am besten entspricht – das Universum, eine spirituelle Energie oder einfach … Es geht nicht um Rechtgläubigkeit, denn die wäre das Gegenteil von Gelassenheit.
Gelassenheit kommt von Loslassen. Und loslassen lässt sich meist mehr, als auf den ersten Blick ersichtlich ist. Auch Ehrgeiz und Leistungsdenken in Sachen Spiritualität und bewusstes Leben gilt es loszulassen. Das können wir für unseren Alltag von Meister Eckhart lernen.

Heiter sein

———————— • ————————

Nicht penetrant gute Laune ist hier gemeint, sondern Weisheit und ein geschärfter Blick für jedes noch so kleine »Trotzdem«.

Die Heiterkeit verdient einen eigenen Abschnitt in diesem Buch. Auch sie ist eine Haltung und nicht etwa nur eine Reaktion auf ein lustiges Ereignis. Heiter zu sein heißt, den Widrigkeiten des Alltags immer wieder auch gute oder komische Aspekte abzutrotzen oder diese durch bewusste Umdeutungen erst zu erschaffen – entgegen aller Logik und Wahrscheinlichkeit. Das Sprichwort »Humor ist, wenn man trotzdem lacht« trifft diese Haltung ziemlich genau. »Trotzdem« bedeutet nicht, dass das Schwierige verleugnet oder ignoriert wird. Im Gegenteil: Das Schwierige darf da sein. Aber es füllt nicht unsere komplette innere Leinwand aus. Daneben ist immer noch ein wenig Platz für ein Lächeln.

SCHWIERIGES NICHT LEUGNEN

Diese Haltung hat mit Naivität nichts zu tun – im Gegenteil. Bedeutet doch das Wort »Heiterkeit« im Mittelhochdeutschen »Klarheit«. Im Wetterbericht hat diese sprachliche Verbindung

bis heute überlebt. Nicht Blauäugigkeit steht
hinter der heiteren Haltung, sondern vielmehr
das intuitive und im Lauf des Lebens oft bestä-
tigte Wissen, dass wir doch zäher sind, als wir
denken. Ein treffendes Beispiel für einen Humor,
der das Schwierige nicht leugnet, findet sich in
Mariana Lekys Roman »Die Herrenausstatterin«:
Da kann in einer Zahnarztpraxis der gequälte
Patient einen Spruch lesen, der direkt über dem
Behandlungsstuhl an der Decke geschrieben
steht: »Gleich ist es vorbei.«

Ein geschärfter Blick für das »Dennoch«

Sicher kennen Sie ähnliche Beispiele für Heiterkeit aus Ihrem eigenen Leben. Sei es, dass Sie sie
als wohltuend und entlastend bei anderen erlebt
haben. Sei es, dass Sie selbst mit dieser Haltung
andere Menschen zum Lächeln bringen konnten.
Gemeinsam heiter zu sein, das ist ja noch mal so
viel wert.
Die gute Nachricht ist: Je älter wir werden, desto
leichter fällt uns diese Sichtweise. Weil wir dann
eben schon öfter erfahren haben, dass wir manche schwierige Situation mit einem Lächeln besser ertragen konnten. Und weil das Leben selbst
unseren Blick für seine zuweilen skurrilen, ja
paradoxen Seiten geschärft – und uns damit eine
wunderbare Kraftquelle geschenkt hat.

Dankbar sein

—————————•—————————

Sie ist mehr und anderes als nur eine höfliche Konvention. Wenn Dankbarkeit von Herzen kommt, verschönt sie unser Leben.

Mit der Dankbarkeit ist es so eine Sache: Auf Befehl kommt sie nicht. Trotzdem können wir sie einüben und so in unseren Alltag integrieren. Wie lässt sich das erklären? Dankbarkeit ist einerseits ein Gefühl – und Gefühle lassen sich nun einmal nicht herbeikommandieren. Andererseits: Wenn wir uns bewusst entscheiden, das Gute in unserem Leben wahrzunehmen und dankbar dafür zu sein, dann geben wir dem Gefühl der Dankbarkeit so viel Raum, dass es unser weiteres Erleben positiv beeinflusst.

DANKBARKEIT WIRKT

Dass das so ist, haben US-amerikanische Forscher herausgefunden. Sie ließen Versuchsteilnehmer zehn Wochen lang fünf Dinge aus der jeweils zurückliegenden Woche notieren, für die sie dankbar waren. Zwei Kontrollgruppen ließen die Psychologen neutrale beziehungsweise negative Dinge notieren. Der Versuch ergab: Die »Dankbaren« waren anschließend in besserer psychischer Verfassung als die anderen Versuchspersonen, obgleich ihre Lebensumstände nicht unbedingt günstiger waren. Sie waren kontaktfreudiger, stabiler und konnten besser mit Problemen umgehen. Und sie haben mehr für sich getan, etwa Sport getrieben.

Es kam also auf die Haltung an, und die konnte anscheinend durch bloßes Praktizieren erreicht beziehungsweise verstärkt werden.

Die kleine Sehschule für den Alltag

Dankbarkeit zu üben bedeutet freilich nicht, alles durch die rosarote Brille zu sehen. Diese Haltung wäre unehrlich, wir würden uns selbst und andere damit belügen und stressen. Aber ganz sicher gibt es in unserem Leben mehr, für das sich dankbar sein lässt, als es auf den ersten Blick scheint. Wir sollten uns die Mühe machen, es zu entdecken, denn in Dankbarkeit lebt es sich einfach ein wenig glücklicher.

Regelmäßig praktiziert, kann die Dankbarkeit somit eine kleine Sehschule für den Alltag werden. Und wir halten auf diese Weise unser Bewusstsein für die Tatsache offen, dass wir nicht alles im Leben durch eigene Leistung erreichen können und müssen. Manches wird uns eben auch geschenkt – oft sind das sogar die wichtigsten Dinge.

Übungen für den Alltag

———— • ————

Es lohnt sich, mithilfe der folgenden Übungen, die eigene Haltung gegenüber der Welt im Sinne der oben beschriebenen Kraftquellen zu schulen.

Achtsamkeit praktizieren

Mit den Übungen auf Seite 74 und 76 können Sie sich auch in Achtsamkeit üben. Doch ebenso gut eignen sich Alltagsdinge wie das Essen dafür.

Nehmen Sie sich einmal in der Woche bewusst die Zeit für achtsames Essen.

- Wenn Sie den gefüllten Teller vor sich stehen haben, so hauen Sie nicht gleich rein, sondern betrachten Sie die Speisen erst einmal. Nehmen Sie bewusst wahr, welche Farbe das Essen hat, und schnuppern Sie auch! Führen Sie sich außerdem vor Augen, welchen Weg die einzelnen Zutaten genommen haben, bis sie auf Ihrem Teller landeten.

- Wenn Sie dann den ersten Bissen nehmen, so versammeln Sie Ihre Aufmerksamkeit ganz im Mund. Nehmen Sie die Konsistenz wahr und wie sie sich langsam verändert. Kauen Sie genussvoll und ausgiebig, spüren Sie allen Geschmacksnuancen nach. Erst dann schlucken Sie den Bissen hinunter.
- Auf diese Weise verzehren Sie nun die ganze Mahlzeit. Dass Sie dabei nicht lesen, fernsehen oder Radio hören, ist klar.
- Achten Sie nach dem Essen darauf, wie sich das Sättigungsgefühl einstellt. Stülpen Sie nicht sofort neue Reize wie Kaffee oder aber stressige Aktionen darüber.

Das Lachen hoch schätzen

Das Lachen gehört zu den ganz großen Kraftquellen in unserem Leben – auch und gerade dann, wenn wir mit Schwierigem zu kämpfen haben.

Es ist kein Zeichen von Oberflächlichkeit, im Gegenteil. Für Buddhisten etwa ist nicht der sorgenvolle Denker ein Sinnbild für Erleuchtung, sondern der heiter Lachende. Und auch das

Christentum siedelt die Heiterkeit weiter oben an als gedacht. Das zeigt der »risus paschalis«, das Osterlachen: Bei der Osterpredigt sollten einst die Pfarrer ihre Schäfchen mit Witzen und Anekdoten zum Lachen bringen.

Psychologen wissen längst: Wir haben auch in düsteren Zeiten immer beide Seiten in uns: die verlustbezogene und die vitale, lebensbezogene Seite. Beide wechseln phasenweise miteinander ab. Und so können Sie Ihre vitale Seite stärken:

- Suchen Sie bewusst die Gesellschaft von Menschen, mit denen Sie immer wieder lachen können. Es gibt viele Arten von Humor – auch hier ist es gut, wenn man zusammenpasst.

- Teilen Sie anderen unbedingt mit, wenn Sie etwas zu lachen haben oder hatten. Sie machen ihnen und sich selbst damit eine Freude.

- Schärfen Sie Ihren Blick für Situationskomik und Absurdität. Umso mehr Anlässe für Heiterkeit werden Sie finden.

- Genießen Sie das Zusammensein mit Kindern und blödeln Sie auch mal nach Herzenslust mit ihnen herum. Kinder sind so leicht zum Lachen zu bringen, und ihr Lachen steckt an, denn es weckt die verspielte Seite in uns.

- Rufen Sie sich abends noch einmal ins Bewusstsein, worüber Sie an diesem Tag lächeln oder lachen konnten.

Dankbarkeit stärken

Setzen Sie Forschungsergebnisse direkt in den Alltag um und machen Sie es wie die Versuchspersonen der Studie auf Seite 86.

Schreiben Sie zehn Wochen lang fünf Dinge aus der jeweils zurückliegenden Woche auf, für die Sie dankbar sind. Legen Sie dafür ein »Dankbarkeitstagebuch« an. Wer weiß – vielleicht wächst Ihnen die Übung so ans Herz, dass Sie sie nach den zehn Wochen fortsetzen wollen.

Seien Sie bei der Auswahl ruhig großzügig, es muss nicht immer das Mega-Ereignis sein. Auch die kleinen Dinge sind Dankbarkeitsspender: das Lächeln, das Sie mit einem wildfremden Passanten getauscht haben; der erholsame Schlaf der vergangenen Nacht; die Umarmung eines lieben Menschen ...

Sie dürfen sich ruhig wiederholen und für die gleichen Dinge öfter dankbar sein. Und Sie dürfen gern auch mehr als fünf Anlässe für Dankbarkeit aufschreiben. Aber nicht weniger. Im Lauf der Zeit werden Sie beobachten: Je länger Sie schon geübt haben, desto schneller fallen Ihnen die fünf Dinge ein.

Loslassen üben

Loslassen, alles lassen, das sagt sich so einfach, es ist aber nicht ganz leicht. Die folgenden Schritte können Ihnen dabei helfen, gelassener zu werden.

- Loslassen ganz praktisch kann bedeuten, sich von Dingen zu verabschieden, die bei näherem Hinschauen keine Bedeutung mehr in Ihrem Leben haben. Sie müssen dafür keine große Entrümpelungsaktion starten. Stattdessen können Sie pro Tag oder Woche einen Gegenstand aussortieren, den Sie dann entweder verschenken, verkaufen oder wegwerfen. Und achten Sie darauf, den frei gewordenen Raum nicht gleich wieder mit Neuanschaffungen zu füllen.
- Durchforsten Sie auch Ihr Inneres: Gibt es Gedanken und Überzeugungen, die überholt sind – sei es, weil Sie inzwischen anders denken oder weil das betreffende Thema einfach nicht mehr wichtig ist? Das kann zum Beispiel politische Dinge betreffen, aber auch Ihr eigenes Selbstbild. Es gehört zur Selbstwerdung (siehe Seite 37), dass wir mit den Jahren ein neues, weniger fremdbestimmtes und daher gelasseneres Bild von uns selbst bekommen.

- Auch die Ziele und Pläne, die wir für unser Leben entwickelt haben, müssen wir vielleicht loslassen, weil sie unrealistisch geworden sind. Das kann schmerzhaft sein, befreit aber auch, weil wir damit Energie gewinnen für das, was immer noch möglich ist.

- Loslassen können wir schließlich auch körperlich erfahren, indem wir uns beispielsweise dem Fluss des Atems überlassen. Setzen Sie sich dazu in bequemer, aufrechter Haltung hin. Legen Sie beide Hände auf Ihren Leib, die eine auf den Nabelbereich, die andere auf den Bereich darüber, und schließen Sie die Augen. Atmen Sie nun in Ihrem eigenen Rhythmus ein und aus und vergessen Sie die Atempause vor dem erneuten Einatmen nicht. Konzentrieren Sie sich auf Ihre Körpermitte und spüren Sie, wie der Atem Sie füllt und innerlich weit macht, bevor er wieder herausströmt. Überlassen Sie sich diesem Fluss und nehmen Sie ihn über Ihre Hände bewusst wahr.

»Gott, gib mir die Gnade, mit Gelassenheit Dinge hinzunehmen, die ich nicht ändern kann, den Mut, Dinge zu ändern, die ich ändern kann, und die Weisheit, das eine vom anderen zu unterscheiden.«

Reinhold Niebuhr

Maßstäbe und Werte

Was wir tun und nicht tun und wie wir etwas tun, darauf reagiert unsere Umwelt. Es ist aber auch für uns selbst nicht gleichgültig, nach welchen Prinzipien wir uns verhalten. Wenn wir Werten folgen, die wir für richtig erachten, so macht uns das wertvoll für uns selbst – wir schreiben uns und unserem Tun damit einen Wert zu.

Gerechtigkeit suchen

———————— • ————————

Sie bedeutet mehr als nur ausgeglichenes Verteilen. Auch als Idee vom rechten Maß kann die Gerechtigkeit eine Kraftquelle sein.

Gerechtigkeit ist ein Ideal für das Zusammenleben von Menschen. Es besagt: Alle sollten möglichst gleich viel bekommen, und die Regeln, nach denen eine Gesellschaft funktioniert, sollten allen die gleichen Vorteile bringen, denn nur so werden auch alle mit dem System einverstanden sein. Gerechtigkeit als Grundsatz, nach dem jeder gleich behandelt wird, ist perfekt geeignet, Egoismus oder Gier und daraus entstehende Konflikte in Schach zu halten.

FÜR JEDEN DASSELBE MASS

Und doch gibt es daneben noch eine andere Art von Gerechtigkeit. Eine, bei der es nicht um die gerechte Verteilung von Rechten, Pflichten und Gütern in einer Gesellschaft geht, sondern darum, wie wir mit uns selbst und anderen umgehen. Gelehrt hat sie der berühmte griechische Philosoph Platon. Nach ihm muss der

Mensch bei sich selbst drei Seelenkräfte in Einklang bringen: Das Denken soll aus dem vorwärtsstürmenden Mut besonnene Tapferkeit machen. Und die Tapferkeit wiederum soll das blinde Begehren in kluge Mäßigung verwandeln. Wenn das gelingt, sind wir »gerecht« – nämlich in Harmonie mit uns und mit anderen.

Mit sich selbst im Reinen sein

Gerechtigkeit ist hier nichts anderes als das rechte Maß, das uns hilft, uns selbst und anderen gerecht zu werden. Wie aber erreichen wir dieses rechte Maß? Wie lässt sich zwischen unseren verschiedenen Bedürfnissen – bildlich gesprochen, zwischen Kopf (Denken), Bauch (Begehren) und Hand (Tun) – eine Harmonie herstellen?
Von Platon inspiriert, könnte die Antwort auf diese Frage so lauten: Das rechte Maß finden wir, wenn wir in wichtigen Dingen Kopf und Bauch, Denken und Fühlen, einander ergänzen lassen und wenn wir erst dann handeln, nachdem wir beide gehört haben. So haben wir die größten Chancen, uns selbst und der Situation, in der wir uns befinden, gerecht zu werden. Nicht immer gleich vorpreschen also, nicht alles nur mit dem Kopf oder nur mit dem Bauch lösen wollen, sondern im Auge behalten, dass zum Denken das Fühlen gehört und umgekehrt. Und dann tun.

Wahrhaftig sein

—————————— • ——————————

Im Kontakt zu uns selbst und anderen authentisch bleiben: Das ist zwar nicht immer bequem, gibt aber trotzdem Kraft.

Als wir Kinder waren, konnten wir unterscheiden zwischen »die Wahrheit sagen« und »lügen«. Doch je älter wir wurden, desto mehr begriffen wir: Es ist komplizierter mit der Ehrlichkeit. Sie ist nicht nur eine Sache des Sprechens, sondern umgreift unsere ganze Existenz. Das wird deutlich, wenn wir uns die Begriffe anschauen, die hier hineinspielen: wahrhaftig sein, aufrichtig sein, authentisch sein, integer sein. Sie alle meinen ungefähr dies: dass wir aus unserem Herzen keine Mördergrube machen, sondern dass unser Reden und Handeln mit unseren Gedanken und Überzeugungen übereinstimmen.

MIT SICH IM REINEN SEIN

Warum dies eine Kraftquelle darstellt, wird am Gegenteil deutlich: Es kostet viel Kraft, wenn wir uns im Denken und Handeln verbiegen und uns immer nach dem richten, wovon wir denken, dass es gerade verlangt werde. Freilich ist Wahrhaftigkeit deshalb nicht der bequemere Weg. Es kann auch ganz schön anstrengend sein, sich gerade nicht an äußere Erwartungen anzupassen. Denn dabei riskieren wir Konflikte, und die kosten Kraft. Aber wir bekommen dafür jede Menge Energie aus unserem eigenen Inneren, weil wir dann mit uns selbst im Reinen sind. Weil wir uns nichts schönreden oder umdeuten müssen. Weil wir Achtung vor uns selbst beweisen.

Sich selbst und den anderen achten

Selbstachtung – das ist also ein wichtiger Punkt bei der Wahrhaftigkeit. Aber wenn wir wahrhaftig sind, achten wir damit nicht nur uns selbst, sondern zugleich auch unser Gegenüber. Wir halten es dann nämlich für stark genug, sich mit uns und unserem Standpunkt auseinanderzusetzen. Wir müssen den anderen schließlich nicht in Watte packen. Dass wir dabei wertschätzend und offen auch für seine Position bleiben, versteht sich von selbst. Wahrhaftigkeit ist keine Dampfwalze nach dem Motto »Jetzt komm ich – und nur ich«. Wahrhaftig sein bedeutet auch Klarheit im Denken, Reden und Handeln – Klarheit und Verständlichkeit. Letztlich mündet also das Nachdenken über die Wahrhaftigkeit ins Nachdenken über den komplizierten Prozess des Einander-Verstehens. Um ihn geht es denn auch gleich auf der nächsten Seite.

ᓚVerstehen wollen

——————— • ———————

Gut zuhören und auch die Perspektive des anderen einnehmen – das sind beste Voraussetzungen für gelungene Kommunikation.

Wieso »wollen«? Ist denn das Verstehen eine Sache des Wollens?, haben Sie sich vielleicht beim Lesen der Überschrift gefragt. Tatsächlich können wir andere umso besser verstehen, je offener wir für die Tatsache sind, dass Irrtümer lauern, wenn zwei Menschen miteinander reden. Wir sollten es immer für möglich halten, dass der andere es anders gemeint hat, als wir es zunächst aufgefasst haben. Missverständnisse sind so schnell geschehen. Das sollten wir im Hinterkopf behalten und uns deshalb – zumindest bei wichtigen Themen – ganz bewusst vornehmen, den anderen gut verstehen zu wollen.

WIE WIR MITEINANDER REDEN

Es lohnt sich, mit dieser klaren Haltung in ein Gespräch zu gehen: »Ich will dich verstehen. Ich will nicht nur selbst verstanden werden und nicht nur einfach meinen Standpunkt loswerden, sondern ich will die Sache auch mit deinen Augen sehen.« Wie aber geht das? Zuerst einmal über das Zuhören. Gemeint ist: richtig zuzuhören und nicht, während der andere spricht, schon an der eigenen Erwiderung zu basteln.

Außerdem können wir darauf achten, ob wir als »Sender« unseren Worten unausgesprochene Botschaften mitgeben. Auch sie werden vom »Empfänger« wahrgenommen, etwa weil unsere Mienen und Gesten den Worten widersprechen. Solche Doppeldeutigkeiten erzeugen Spannungen in der Kommunikation und führen zu Unstimmigkeiten und Konflikten.

Wir möchten auch verstanden werden

Was aber ist der Vorteil daran, wenn wir so hohe Maßstäbe an unser eigenes Kommunikationsverhalten anlegen? Nun, wir sparen Energie. Wenn wir nämlich achtlos miteinander umspringen, egozentrisch und nur auf unser Eigenes bedacht, dann entstehen umso mehr Missverständnisse und Streit. Sie wieder aus dem Weg zu räumen kostet Kraft und Zeit. Außerdem: Würden wir uns nicht selbst wünschen, dass auch andere uns so achtsam begegnen? Dass wir uns mit unseren Anliegen und dem, was wir zu sagen haben, von ihnen verstanden und gewürdigt fühlen? Wenn wir andere nach diesen Maßstäben behandeln, ist das die beste Voraussetzung dafür, dass auch sie mit uns auf diese gute Weise umgehen.

Großzügigkeit üben

———————— • ————————

Wir bekommen nach innen und außen mehr Spielraum, wenn wir versuchen, unser Herz auf »weit« zu stellen.

Es gibt Tage, da fühlen wir uns innerlich weit. So als ob wir unendlich viel Platz in unserem Körper, in unserem Herzen hätten. An solchen Tagen sind wir auch nach außen gelassen, wir erleben uns als freigebig und können »fünf gerade sein lassen«. Dann wieder gibt es Tage, da bringt uns alles auf die Palme, da werden wir kleiner im Denken, genauer, ja pingeliger.

Ist Großzügigkeit eine Stimmungssache? Hängt sie davon ab, ob gerade ein guter oder schlechter Tag ist? Ein wenig vielleicht. Aber doch nicht nur. Sie ist ebenso etwas, das wir üben können.

RAUM FÜR VERÄNDERUNGEN

Wir können uns Großzügigkeit, Großherzigkeit nämlich auch vornehmen. Im Bild gesprochen: Wir können versuchen, unser Herz weit zu machen. Zum Beispiel, indem wir uns in gefühlsmäßig engen, aufgeladenen Situationen mehr

Zeit nehmen für unsere Reaktionen. Gerade wenn wir innerlich in die Luft gehen wollen, ist es gut, noch ein paar Sekunden zu warten und uns im Inneren Raum zu geben … und dann zu schauen, was sich verändert. Passieren könnte zum Beispiel, dass die erste Wut verpufft und etwas anderem Platz macht. Anderen Gedanken, anderen Impulsen – und auf einmal haben wir mehr Handlungsoptionen als nur die eine, in die Luft zu gehen.

Mehr Platz im Herzen schaffen

Großzügigkeit bedeutet also nicht nur, mit Dingen freigebig zu sein. Wenn wir großherzig, weitherzig sind oder uns darum bemühen, es zu sein, weiten wir unseren Spielraum, innerlich wie äußerlich. Durch mehr Weite werden ja Grenzen gelockert. Kontrollgrenzen etwa: Wie dringend muss ich die Kontrolle behalten, welche Fäden wie straff in der Hand halten? Und geht es mir nicht besser, wenn ich lockerer lasse?

Das Schöne ist: In einem weiten Herzen hat mehr Platz – mehr Gefühl für uns und für andere, mehr Erfahrung, mehr Wissen. So belohnen wir uns letztlich selbst, wenn wir Großzügigkeit üben. Und sehr wahrscheinlich bekommen wir dann von anderen etwas Ähnliches zurück. Obwohl wir es gar nicht darauf angelegt haben.

Übungen
für den Alltag

———— • ————

Erschließen Sie sich mehr Handlungsspielraum:
Legen Sie zunächst eine gute Basis, auf die Sie
in entsprechenden Situationen zurückgreifen
können. Und besinnen Sie sich zwischendurch
immer wieder einmal auf die Maßstäbe und
Werte, die Sie leiten.

Denken, Fühlen, Handeln im Lot

Machen Sie mit dieser Übung Ihr ganz persönliches
Miteinander von Kopf und Bauch, Herz und Hand
sichtbar. Sie arbeitet mit dem »inneren Team«, das
hier aus Denken, Fühlen und Handeln besteht.

- Stellen Sie vier Stühle auf. Drei davon sollen
einen Halbkreis bilden, sie stehen für Ihr inneres Team: ein Stuhl fürs Denken, einer fürs
Fühlen, einer fürs Handeln. Der vierte Stuhl
ist für Sie als Gesamtperson gedacht, er steht
den anderen drei gegenüber. Wenn Sie im

Folgenden auf die einzelnen Stühle wechseln, können Sie aufschreiben, was Ihnen auf den Positionen jeweils durch den Kopf geht. Unbedingt nötig ist das aber nicht.

- Setzen Sie sich zunächst auf den vierten Stuhl (den für die gesamte Person) und betrachten Sie die anderen drei (die fürs Denken, Fühlen, Handeln). Was geht Ihnen durch den Kopf? Auf welchen Stuhl möchten Sie sich zuerst setzen? Wechseln Sie nun dorthin.

- Spüren Sie auf diesem Stuhl in sich hinein. Versuchen Sie sich in die Rolle des betreffenden Teammitglieds zu versetzen: Sie sind jetzt zum Beispiel Ihr Denken. Erzählen Sie von sich: Warum Sie für XY (steht für Ihren Vornamen) wichtig sind. Wie Sie sich schon eingebracht haben. Und wie Sie sich die Zukunft in diesem gemeinsamen Team vorstellen. Sprechen Sie dabei in Ichform und sprechen Sie die anderen beiden Teammitglieder als »Du« an. Zum Beispiel könnten Sie zu den beiden anderen sagen: »Ich als Denken bin für XY wichtig, weil ...« Zum Fühlen-Stuhl könnten Sie sagen: »Mit dir geht es mir ...« Und in Richtung des Handeln-Stuhls: »Ich wünsche mir von dir ...« Wenn es Ihnen zu unangenehm ist, laut zu sprechen, machen Sie die Übung in Gedanken.

- Wechseln Sie anschließend auf den Gesamt-Stuhl zurück und schauen Sie von hier aus auf den Stuhl des Teammitglieds, dessen Rolle Sie eben eingenommen haben. Lassen Sie auf sich wirken, was dort gesagt wurde.

- Nun wechseln Sie auf den zweiten und anschließend auf den dritten der drei Halbkreis-Stühle. Dort verfahren Sie jeweils wieder wie oben beschrieben: Sprechen (oder denken) Sie aus der Rolle. Bevor Sie auf den dritten Halbkreis-Stuhl wechseln, gehen Sie wieder auf den vierten, den Gesamt-Stuhl zurück und lassen auf sich wirken, was Sie auf dem zweiten Halbkreis-Stuhl gedacht / gesagt und empfunden haben.

- Sie können auch mehrfach auf dieselben Stühle gehen, wenn Ihnen noch etwas zu der jeweiligen Position einfällt. Am Ende der Übung sitzen Sie wieder auf dem Gesamt-Stuhl. Fragen Sie sich nun: Welche Instanz ist bei mir am kräftigsten – das Denken, das Fühlen oder das Handeln? Möchte ich etwas verändern? Soll etwas stärker und anderes zurückgefahren werden? Was wäre dazu nötig?

- Räumen Sie zuletzt die vier Stühle wieder an ihren angestammten Platz in der Wohnung.

Nehmen Sie sich fortan in geeigneten Situationen die Zeit dafür, Ihr inneres Team zu befragen:

Welches Teammitglied müsste jetzt besonders aktiv werden? Was könnte es beitragen? Was müssten die anderen tun oder lassen? So werden Ihr Denken, Fühlen und Handeln zu bewussten Begleitern im Alltag. Von Zeit zu Zeit können Sie dann wieder eine Teamkonferenz einberufen und schauen, was sich verändert hat.

Kurzbefragung für Eilige

Nachdem Sie die vorige Übung einmal durchgeführt haben, müssen Sie sich in konkreten Situationen nicht unbedingt jedes Mal Ihr inneres Team vergegenwärtigen, es geht auch kürzer.

Stellen Sie sich, wenn Sie eine wichtige Entscheidung treffen müssen, sich im Konflikt mit jemandem befinden oder aber sich von einer Situation überfordert fühlen, folgende Fragen:
- Was fühle ich?
- Was denke ich?
- Was möchte ich tun?

Das ermöglicht Ihnen einen bewussteren Blick auf die Optionen, die Sie jeweils haben – Sie können dann authentischer urteilen und handeln.

Klar sein, authentisch bleiben

Wahrhaftigkeit und Sachlichkeit sind wichtige Voraussetzungen für eine gute Kommunikation.

Fragen Sie sich von Zeit zu Zeit:

- Drücke ich im Gespräch mit Menschen, die mir wichtig sind, wirklich das aus, was ich sagen will? Oder sende ich Doppelbotschaften (etwa: »Geh weg!«, obgleich derjenige doch dableiben soll)? Kenne ich Situationen aus der Vergangenheit, in denen das so war?

- Schaffe ich es bei Konflikten, sachlich zu bleiben? Nach neuesten Forschungen kann man ruhig auch mal temperamentvoll streiten, solange klar ist: Hier geht es um die Sache und nicht darum, die Oberhand zu behalten.

- Geht es mir im konkreten Fall wirklich um das, wovon die Rede ist? Oder liegt etwas anderes darunter? Wenn ja: Warum spreche ich das andere nicht an? Habe ich Sorge, zu viel von mir zu zeigen? Befürchte ich, die Auseinandersetzung anzuheizen? Wie kann ich es so sagen, dass das nicht geschieht?

- Will ich den anderen wirklich verstehen? Oder stecke ich ihn in Schubladen?

Wenn Sie die Übung öfter machen, notieren Sie Ihre Reflexionen, damit Sie vergleichen können.

Mehr Weite erleben

Der Himmel ist immer da, auch wenn Zimmerdecken und Häuserfassaden ihn verstellen.

Mehr Freiraum, mehr Weite erfahren, das können Sie mit allen Sinnen, indem Sie regelmäßig nach draußen gehen und in den Himmel schauen. Nehmen Sie wahr: Welche Farbe hat der Himmel gerade? Gibt es Wolken, Wölkchen, zarte Schleier, Kondensstreifen …? Und was begrenzt den Himmel in der Ferne, wo liegt der Horizont? Wie weit ist es wohl bis dorthin? Atmen Sie tief ein und aus. Holen Sie so auch physisch die Weite in sich hinein. Und wenn Sie mögen, dann breiten Sie die Arme aus …

»Alles, was ich weiß, ist, dass man das Leben nicht verstehen kann ohne viel Güte, dass man es nicht leben kann ohne viel Güte.«
Oscar Wilde

Grenzen und Schwächen

---•---

Für den Umgang mit menschlichen
Grenzen und Schwächen brauchen wir
besonders viel Kraft. Wir finden sie, wenn
wir uns selbst behutsam behandeln, aber
auch in dem Trost und der Vergebung, die
wir spenden und bekommen, und in dem
sicheren Wissen, dass nichts bleibt, wie
es ist – dass auch Krisensituationen sich
immer wieder wandeln.

---•---

Gesundheit wertschätzen

———————•———————

Sie ist ein Geschenk, das seinen Wert behält, auch wenn es beschädigt ist: Bei der Gesundheit gibt es nicht nur Schwarz oder Weiß.

Die Weltgesundheitsorganisation (WHO) sagt: Gesund ist derjenige, dem es körperlich, geistig und sozial vollständig wohlergeht. Vollständigkeit – das ist ein hoher Anspruch. Prüfen wir ihn einmal an uns selbst: Nicht jedes Leiden, nicht jede Einschränkung hindert uns doch daran, unser Leben immer wieder auch zu genießen, nicht wahr? Ist Gesundheit nicht eher ein Gleichgewichtszustand, bei dem das Pendel ausreichend oft auf der positiven Seite ausschlägt?

IM GLEICHGEWICHT BLEIBEN

Das Älterwerden ist ein gutes Beispiel dafür, dass dieser Gleichgewichtszustand sich immer neu einpendeln muss. Mit gesundheitlichen Einschränkungen durch das Altern können wir meist ganz gut umgehen. Kommt aber ein akutes oder gar chronisches Leiden dazu, das uns vorzeitig und merklich darin einschränkt, unser gewohntes Leben weiterzuführen, so fühlen wir uns krank. Vielleicht spüren wir dann sogar erst, wie wichtig und zugleich selbstverständlich es zuvor war, sich gesund zu fühlen. Und doch wird es uns gelingen, irgendwann ein neues Gleichgewicht zu finden und das Pendel auch wieder auf der positiven Seite ausschlagen zu lassen. Studien mit Schwerkranken haben es ergeben: Wir Menschen sind zu dieser grandiosen Anpassungsleistung fähig. »Gesundheit ist dasjenige Maß an Krankheit, das es mir noch erlaubt, meinen wesentlichen Beschäftigungen nachzugehen«. So drückte es der von vielen Leiden geplagte Philosoph Friedrich Nietzsche aus.

Gut für sich sorgen

Gerade weil wir ihren Wert manchmal erst erkennen, wenn sie bedroht ist, hat die Gesundheit ihren Platz in diesem Buch bekommen. Denn sie stellt – in guten wie in schlechten Zeiten – eine Ressource dar, die wir wertschätzen sollten. Gut für uns sorgen, Körpersignale beachten und nicht Raubbau mit uns treiben – so können wir diese Kraftquelle pflegen. Mit Hypochondrie hat das nichts zu tun. Vielmehr ist eine bestimmte Form der Achtsamkeit gemeint, ein Sich-selbst-ernst-Nehmen. Und immer steckt darin auch ein wenig Dankbarkeit.

Trost finden und schenken

———————— • ————————

Trost ändert oft nichts an der Situation selbst.
Aber er bewirkt, dass wir uns wieder kräftiger
fühlen. Das ist schon sehr viel.

Woran denken Sie zuerst, wenn Sie das Wort
»Trost« hören? An ein Kind, das hingefallen und
trostbedürftig ist? Wir wissen noch genau, wie
das Trösten hier geht: eine liebevolle Umarmung,
eine weiche Stimme, die sagt: »Gleich ist es wieder gut«, dreimal Pusten aufs Knie, ein Pflaster,
und schon sind die Tränen getrocknet. Wie
schön ist es, diesen Trost zu bekommen! Wer ihn
einst erfahren hat, ist gestärkt für später. Und wie
schön ist es, solchen Trost geben zu können.

»TROST« KOMMT VON »TREU«

Was brauchen wir, wenn wir trostbedürftig sind,
später, als Erwachsene? Wem können wir glau-
ben, dass es wieder gut wird? Und wie können
wir andere trösten, wenn sie größere Schwierig-
keiten haben als aufgeschlagene Knie?
»Trost« kommt von »treu« und meint: innerlich fest sein. Das trifft es gut. Denn wer Trost

braucht, fühlt sich ja gerade nicht fest, sondern eher durchlässig, dünnhäutig. Da ist es gut, wenn uns jemand Festigkeit schenkt durch eine Umarmung, durch Worte und durch die Treue, mit der er uns beisteht. Ja, vielleicht ist das Wort »Treue« der Schlüssel: Die uns treu sind, wenn es uns schlecht geht, die trösten uns gerade dadurch, dass sie uns nicht verlassen. Und wir können andere trösten, indem wir in unserer Treue zu ihnen nicht nachlassen.

Die Wunden schließen sich

Diese Art Trost kann nur selten etwas an den Fakten ändern. Doch wie oft ging es uns nach einem tröstenden Gespräch besser, auch wenn die Sachlage dieselbe geblieben war. Wir waren innerlich wieder fester, gestärkt, und die Wunden fühlten sich weniger offen an.

Was aber, wenn gerade niemand da ist, der uns trösten kann? Dann ist es gut, nach etwas zu suchen, das Ähnliches bewirkt. Alles ist willkommen, was dazu beiträgt, unsere Wunden zu schließen und unser Vertrauen wieder zu stärken – sich ausweinen, spazieren gehen … Und auch hier gilt: Alles hat seine Zeit. Erst wenn wir traurig sein durften, erleben wir ihn: den Umschlagpunkt, an dem neue Kräfte in uns wachsen, weil wir uns selbst getröstet haben.

Vergebung erfahren

---•---

Anderen verzeihen oder selbst verziehen bekommen – das schenkt uns innere Freiheit und Leichtigkeit sowie neue Kraft.

Ungelöste Konflikte gehören zu den Krafträubern im Leben. Mitgeschleppte Schuldgefühle und nachgetragene Vorwürfe, Verletzungen und Missverständnisse auf beiden Seiten: Sie werden nicht weniger, nur weil wir nicht mehr hinschauen (wollen).

In manchen Konflikten liegt die Schuld klar verteilt. So etwa da, wo ein Mensch Macht über den anderen hat und sie missbraucht. Dann wieder gibt es Konstellationen, da weiß keiner mehr genau, wie es angefangen hat. Da fühlen sich beide Seiten als Opfer und ahnen doch, dass sie auch Täter sind. Die Einsicht, selbst verstrickt zu sein, ist dann ein erster wichtiger Schritt.

EINE ENTSCHEIDUNG

Wie wird Vergebung möglich? Sie beruht auf einer Entscheidung desjenigen, dem unrecht getan wurde. Sie macht das Unrecht nicht ungeschehen. Aber wer vergibt, entschließt sich, dem anderen das Geschehene nicht mehr vorzuhalten, weder in Worten noch in Gedanken. Das ist schwer und vielleicht nicht immer möglich. Dass der andere das Getane bereut, hilft ganz sicher, ist aber keine Bedingung.

Wo vergeben wurde, wird der Weg für die Versöhnung frei. Auch sie ist eine Sache des Entschlusses – und sie ist nicht einseitig. Beide Seiten müssen sich versöhnen wollen und dies zeigen, indem sie aufeinander zugehen. Versöhnung kann nur gelingen, wenn jeder Beteiligte spürt, wie wichtig es dem anderen ist, Frieden zu schließen. Wo das aber geschieht, da entsteht eine große Leichtigkeit. Das Mitgeschleppte wurde abgelegt, und statt auf die Vergangenheit zu starren, schauen wir wieder nach vorn.

Keiner ist unfehlbar

So wird die Vergebung – die empfangene und die gewährte – zu einer großen Kraftquelle in unserem Leben. Jeder von uns braucht sie dann und wann, weil keiner unfehlbar ist. Ja, vielleicht ist das die wichtigste Voraussetzung dafür, vergeben zu können und Vergebung anzunehmen: die Einsicht, dass wir alle schuldig werden können und manchmal nur ein wenig Glück im Spiel war, wenn wir es nicht geworden sind.

Verluste verarbeiten

Kein Leben bleibt ohne schmerzliche Erfahrungen. Wir sind ihnen jedoch nicht hilflos ausgeliefert, wir können sie bewältigen.

»Mein Glück von heute ist mein Schmerz von morgen«, sagt der Schriftsteller C. S. Lewis im Film »Shadowlands« zu seiner Frau Joy. Beide wissen, dass sie einander bald verlieren werden – Joy ist schwer krank. Doch die Erkenntnis, dass Glück und Verlust zusammenhängen, hilft Lewis, mit dem Schmerz umzugehen.
Kein Leben bleibt auf Dauer ohne Verluste. Wir müssen um Menschen trauern oder um Fähigkeiten, um vertraute Dinge oder aber um nicht erfüllte Zukunftsperspektiven.

ALLES DARF SEIN

Trauer ist ein vielschichtiger Zustand, in dem unterschiedliche Gefühle mitschwingen: Kummer, Schmerz, aber auch Wut, Scham oder Ohnmacht. Niemals sind alle Gefühle gleich stark vorhanden. Deshalb gibt es kein Patentrezept, wie mit Trauer umzugehen ist. Jeder geht hier

seinen eigenen Weg. Die lange gängige Vorstellung, dass ein Trauerprozess immer gleich
abläuft und dabei bestimmte Phasen zu durch-
schreiten seien, ist mittlerweile infrage gestellt.
»Alles darf sein.« Das ist die wichtigste Aussage,
wenn es um die Bewältigung von Verlusten geht.
Sie gilt für Gefühle wie Schmerz und Mutlo-
sigkeit, aber auch für andere, die vermeintlich
gar nicht zur Situation passen, etwa moment-
weise Heiterkeit. Man weiß heute: Wenn solche
Momente inmitten von Trauersituationen statt-
finden, so zeigt dies, dass der Betreffende genug
Vitalität besitzt, um den Schmerz zu verarbeiten.
Denn die Trauer kommt wellenförmig und wird
zwischendurch von anderen Gefühlen abgelöst.
Ein Lächeln nach den Tränen ist ganz normal!

Setzen wir uns nicht unter Druck

Es tut gut, das zu wissen. So müssen wir uns
nicht unter Druck setzen, wenn wir einen Verlust erfahren haben, sondern können uns den
Freiraum nehmen, den wir brauchen, um wieder
Kräfte zu sammeln. Dabei helfen uns Menschen,
die uns trösten, aber auch gute Erinnerungen
und das Wissen, dass wir früher schon schwierige Situationen durchgestanden haben. Und so
merkwürdig es zunächst klingen mag: Die Zeit
hilft uns ebenfalls – indem sie vergeht.

Übungen
für den Alltag

———————— • ————————

Binden Sie die letzte Übung am besten in Ihren
Tagesablauf ein. Die anderen Übungen dienen
der Besinnung und der Erinnerung.

Nachsicht mit sich und anderen üben

Eine wichtige Bedingung dafür, sich gut mit anderen
versöhnen zu können, liegt in dem Bild, das wir von
uns selbst haben.

Je perfektionistischer wir sind und je mehr wir
uns für unfehlbar halten, desto schwerer wird
es uns fallen, anderen zu vergeben. Denn desto
weniger Verständnis werden wir für ihre Fehler
aufbringen. Doch niemand lebt sein Leben, ohne
schuldig zu werden. Wir werden schuldig aus
Unaufmerksamkeit, aus Egoismus, aus man-
gelnder Kraft oder weil es eben bei bedeutenden
Entscheidungen meistens kein Schwarz-Weiß
gibt, kein Gut oder Böse: Denn gerade dann

besteht oft ein Güterkonflikt – sprich, zwei gute Ziele konkurrieren miteinander, und wenn wir uns für das eine entscheiden, entscheiden wir uns gegen das andere und werden also in jedem Fall schuldig. Bei jeder einseitigen Trennung erlebt derjenige, der geht, diesen Konflikt: Man muss jemand anderem wehtun, um nicht selbst unglücklich zu werden.

Wenn wir das berücksichtigen, werden wir nachsichtiger mit anderen sein – und vergeben ihnen leichter. Wann immer Sie vor der Frage stehen, ob Sie jemandem verzeihen können, überlegen Sie: Wann wurde mir schon verziehen? Wer war nachsichtig mit mir? Und kann ich diese Haltung in meiner jetzigen Situation übernehmen?

Ebenso wichtig ist es, mit sich selbst Nachsicht zu üben. Nicht in dem Sinn, dass keine ethischen Maßstäbe mehr für uns gelten sollen, sondern im Sinn von Barmherzigkeit. Wir sind nun einmal nicht perfekt, doch meistens trotzdem gut genug. Wenn Ihr innerer Kritiker wieder einmal unbarmherzig mit Ihnen ist, fragen Sie sich, wie schlimm Sie das, was Sie an sich selbst kritisieren, bei Ihrer besten Freundin oder Ihrem besten Freund fänden. Vermutlich wird das Urteil dann gleich sehr viel milder ausfallen, und mit dieser milderen Haltung versuchen Sie nun auch sich selbst zu sehen.

Bedingungslos trösten

Anderen Menschen Trost zu spenden, das gibt uns
auch selbst etwas: Wir erleben mit, dass auf den
Schmerz wieder heitere Stunden folgen können.

Wenn Menschen traurig sind und weinen, gibt
es irgendwann eine Art »Umschlagpunkt«, an
dem die Tränen, die eben noch reichlich flossen,
versiegen und wieder neue Kräfte wachsen –
Hoffnung und Zuversicht. Als Tröstende erleben
wir diesen Umschlagpunkt mit, sollten ihn aber
nicht herbeizwingen wollen.

Achten Sie daher als der Tröstende darauf, den
Grund für den Kummer des anderen nicht
kleinzureden. Sie werden sonst womöglich das
Gegenteil erreichen: Der Trostbedürftige drama-
tisiert, um Sie zu überzeugen, dass es wirklich
so schlimm ist, wie es sich für ihn anfühlt. Nehmen Sie die Gefühle des anderen ernst. Jeder
ist Experte für sich selbst, und niemand hat das
Recht, von außen zu beurteilen, was eine ange-
messene Reaktion ist und was nicht.

Prüfen Sie sich auch selbst: Wollen Sie vielleicht
deshalb beschwichtigen, weil Sie die Tränen des
anderen nicht aushalten? Weil sein Kummer

an Ihre eigenen Ängste rührt? Versuchen Sie, zwischen Ihren und seinen Problemen zu trennen. Jetzt, in der Situation des Tröstens, geht es um den anderen und nicht um Sie. In dieser Erkenntnis kann auch eine Entlastung liegen. Das alles bedeutet freilich nicht, dass Sie Ihre eigenen Grenzen missachten sollen. Schauen Sie, darauf, was Sie sich zumuten können und ab wo es zu viel wird. Auch hiermit tun Sie dem anderen einen Gefallen – denn er selbst wird es in seinem Kummer vielleicht nicht immer merken, wenn er Sie zu sehr belastet.

Trostquellen erinnern

Sammeln Sie Ihre Trostquellen – Menschen, Orte oder Tätigkeiten, eine bestimmte Musik, ein besonderes Buch oder eine wohltuende Übung.

Legen Sie am besten eine Liste an, und wenn Sie mögen, schreiben Sie auch ein konkretes Erlebnis dazu, das Sie mit der jeweiligen Trostquelle verbinden. Zu dieser Liste können Sie greifen, wenn Sie in Zukunft wieder einmal Trost brauchen sollten. Das wird Ihren Kummer zwar nicht völlig zum Verschwinden bringen. Aber es wird Sie daran erinnern, dass es in der Vergangenheit doch immer Trost gegeben hat – und so wird die Liste Ihre Zuversicht stärken, dass auch diesmal wieder Trost kommen wird.

Sanftes Beckenkippen – eine Wohltat

Diese Übung wirkt beruhigend und entspannt nicht nur die Beckenregion, sondern auch den Kiefer- und Nackenbereich.

- Sie liegen auf dem Rücken, am besten auf einer Matte oder dem Teppich. Die Beine sind angestellt und hüftbreit auseinander, die Arme liegen locker neben dem Körper. Schließen Sie nun Ihre Augen.
- Konzentrieren Sie sich nun auf Ihre Beckenregion und kippen Sie mit einer winzigen Bewegung Ihr Becken nach hinten (das Schambein bewegt sich dabei Richtung Bauchnabel, der Lendenwirbelbereich bewegt sich gegen den Boden). Kippen Sie dann wieder zurück in die Ausgangsposition, wieder nach hinten und immer so weiter. Achten Sie darauf, die Bewe-

gung klein, langsam und weich auszuführen, ohne große Anstrengung. Hier noch ein Tipp, der Ihnen die Übung erleichtert: Eine Decke, die Sie sich über die Knie legen, stabilisiert die angestellten Beine, ohne dass Sie dafür viel Muskelkraft aufwenden müssen.

- Konzentrieren Sie sich ganz darauf, die minimale Bewegung körperlich zu spüren, und versuchen Sie die Bewegung des Beckens quasi vor Ihrem geistigen Auge zu sehen (das geht am besten mit geschlossenen Augen).
- Üben Sie so ungefähr fünf Minuten lang (gern auch etwas länger) und lassen Sie die Kippbewegung mit der Zeit immer weicher werden.
- Öffnen Sie dann die Augen wieder und strecken Sie die Beine langsam aus. Dehnen und recken Sie sich etwas, bevor Sie aufstehen und wieder in den Alltag eintauchen.

Sie können diese Übung täglich anwenden und ruhig auch mehrmals täglich, wenn Sie mögen.

»Die Zeit ist der größte Tröster, sie trägt auf ihrem Rücken noch alle Umwälzungen heim, sie trocknet die bittersten Tränen, indem sie uns neue Wege zeigt und neue Stimmen an unser Ohr bringt.«

Ralph Waldo Emerson

Freude und Lebenslust

Den Augenblick erleben, und genießen,
was da ist an Positivem: das Schöne, Inspi-
rierende und Liebenswerte. So lässt sich
auf einfache Weise das Glück beschreiben. Und wenn wir offen für solche
Erfahrungen sind, werden sie uns immer
wieder zuteil.

Schönheit aufsuchen

— • —

Der Sinn für das Schöne ist uns mitgegeben.
Wenn wir ihn durch Erlebnisse füttern, so nährt
das unser Vertrauen in die Welt.

Was ist schön? Über diese Frage lässt sich endlos streiten – oder überhaupt nicht, weil von vornherein klar ist, dass hier nur der persönliche Geschmack entscheidet. Untersuchungen ergaben jedoch: Immer sind Harmonie und Gleichmaß mit im Spiel, wo etwas als schön empfunden wird. Damit erklärt sich, warum das Schöne zur Kraftquelle für uns werden kann: weil das Erleben von Harmonie uns vermittelt, dass die Welt in Ordnung ist, unzerstört und heil. Diese Sicherheit stärkt unser Vertrauen.

ALLE SINNE PFLEGEN

Wie genau diese Harmonie dann beschaffen sein muss und ob nicht gerade auch der Verzicht auf ein Gleichmaß schön sein kann – das unterliegt tatsächlich dem persönlichen, aber auch dem Zeitgeschmack. Was junge Leute etwa musikalisch mögen (auch wenn sie es nicht unbedingt als »schön« bezeichnen würden), bleibt Älteren meist verschlossen – und umgekehrt auch.

Das Musikbeispiel zeigt: Schönheit im weiteren Sinn existiert nicht nur fürs Auge. Sie ist für alle fünf Sinne da: für das Hören, das Tasten, das Riechen, das Schmecken – und eben das Sehen. Diese Vielfalt vergessen wir leicht, weil bei den meisten Menschen der Sehsinn leitend ist. Aber wenn wir bewusst mehr auch auf andere Sinne achten, tut sich eine Fülle auf.

Ganzheitlich wahrnehmen

Es hat etwas mit Ganzheitlichkeit zu tun, wenn wir über unsere fünf Sinne versuchen, das Schöne, das Wohltuende verstärkt zu erleben. Schaffen wir also die Gelegenheiten dazu – durch Konzerte, Spaziergänge, gutes Essen, das wir selbst zubereiten und so auch mit unserem Tastsinn erfahren. Wir nähren uns und unsere Sinne durch solche Erlebnisse.

Die eben genannten Beispiele zeigen außerdem: Schönes zu erleben, das ist nichts rein Passives. Wir sind aktiv im Wahrnehmen und oft auch im Hervorbringen dessen, was wir mögen. Nicht umsonst handeln Philosophen die Lehre von der Schönheit im Rahmen der Begriffe »Schaffen« und »Hervorbringen« ab. Und darum geht es gleich auf der nächsten Seite.

Sich inspirieren lassen

Kreativität ist keine Glückssache, sondern etwas, das wir fördern können. Wenn sie im Spiel ist, fühlen wir uns sehr lebendig.

Sicher kennen Sie diesen Moment: wenn sich nach längerem Suchen, Warten und Sich-Ablenken ein ersehnter Einfall einstellt, eine gute Idee, eine Inspiration. »Einfall« und »Inspiration«, die beiden Wörter zeigen: Wir erleben solche Momente, als ob uns von außen etwas geschenkt wird. Eine gute Idee »fällt« uns ein, wird uns eingehaucht – »spirare« heißt ja »wehen, hauchen«. Aber das Neue, das wir erschaffen, kommt nicht wirklich von außen. Es kommt aus unserer eigenen Tiefe. Wir selbst haben dafür gesorgt, dass es entstehen konnte. Wir waren kreativ.

FASZINIERENDER COCKTAIL

Kreativität ist eine wunderbare menschliche Fähigkeit. Sie ermöglicht uns, auf ganz neue Situationen angemessen zu reagieren oder uns in einer bereits bekannten Situation auf völlig neue Art und Weise zu verhalten. Das Neue kann

dann eine praktische Problemlösung sein, aber
ebenso ein Gedanke, ein Produkt, eine Erfin-
dung. Natürlich, so sagen Kreativitätsforscher,
brauchen wir etwas Begabung und Kenntnis auf
dem Gebiet, auf dem das Neue entstehen soll.
Doch das allein genügt nicht. Ebenso wichtig
sind Neugier, Durchhaltevermögen, Selbstvertrauen und Fantasie. Wie aber entsteht daraus
der faszinierende Cocktail der Inspiration?

Das Neue »ausbrüten«

Die Antwort verblüfft: durch Ausprobieren
und durch Warten. Am sichersten gelangen wir
nämlich zu neuen Schöpfungen, wenn wir unser
Wissen immer wieder neu kombinieren – je
verrückter, desto besser. Und zwischendurch
müssen wir die Dinge ruhen lassen, damit sie in
unserem Inneren reifen können. Das sind dann
die Phasen, in denen wir etwas »ausbrüten«. Bis
das Neue sich zeigt – oft ganz unerwartet.
Unsere Kreativität ist eine Quelle schöner Über-
raschungen in unserem Alltag. Wir können sie
fördern, indem wir nicht mit Scheuklappen
durch die Welt laufen, sondern das Unmögli-
che, das Verrückte zu verwirklichen versuchen.
Indem wir uns Wissen aneignen und um die
Ecke denken. Es lohnt sich. Denn wenn wir
kreativ sind, fühlen wir uns so richtig lebendig.

Liebe geben und empfangen

— • —

Es muss nicht immer die »große Liebe« sein. Auch andere Arten von Zuneigungen erfüllen unser Leben mit Sinn.

So viele Nuancen der Liebe gibt es: zärtliche, stürmische, freundschaftliche, begehrende, hingebungsvolle, verantwortungsbewusste … Sie mischen sich auf ganz unterschiedliche Weise in unseren Herzen. Unseren Partner lieben wir anders als unsere Kinder, unsere Eltern anders als unsere Freunde. Daneben gibt es dann die Liebe zu anderem als Menschen – zu Tieren, Orten, Dingen, Tätigkeiten, Idealen …

LIEBE BRAUCHT NAHRUNG

Die Liebe ist eine der größten Kraftquellen in unserem Leben, und zwar deshalb, weil sie Bedeutung verleiht. Wer geliebt wird, der weiß: Es ist nicht egal, ob ich da bin oder nicht. Es gibt jemanden, dem bin ich sehr wichtig. Dem liegt daran, dass es mir gut geht. Und wer liebt, der richtet sich in seinem Denken und Fühlen tief auf sein Gegenüber aus und fühlt sich deshalb im Kontakt mit diesem ungeheuer lebendig. Das sogar dann, wenn die Liebe nicht erwidert wird – nur gilt es da, sich nicht zu verrennen. Denn jede Liebe braucht Nahrung, und die sollte nicht nur aus der eigenen Vorstellungskraft kommen, sondern vor allem aus der Wirklichkeit.

Jede Liebe weckt etwas in uns

Es gibt ein Wort, das die Kraft der Liebe besonders gut umschreibt: Sinn. Wenn wir lieben, wenn wir geliebt werden, so erleben wir unser Dasein als sinnvoll. Und das gilt eben nicht nur für die »große Liebe« zwischen Partnern, sondern auch für die anderen, vielfältigen Lieben, zu denen uns das Leben immer aufs Neue einlädt. Wenn wir uns auf sie einlassen, so erfahren wir die Welt und uns selbst wieder von einer neuen Seite, denn jede Beziehung spricht wieder anderes in uns an und bringt anderes zum Vorschein. Ein Patentrezept für ein glückliches Leben ist die Liebe deshalb aber nicht. Wir haben schon in dem Abschnitt über Verluste (siehe Seite 118) gesehen: Was wir geschenkt bekommen, müssen wir eines Tages wieder verschmerzen. Und manchmal kann die Liebe richtig Arbeit machen, denn sie fordert unseren Einsatz, wir müssen uns kümmern, uns bemühen um den anderen oder um die Sache. Aber es lohnt sich. Immer wieder.

Glück empfinden

————————— • —————————

Wir können es nicht herbeizwingen. Aber wir
können ihm den Boden bereiten. Das Glück nutzt
viele Gelegenheiten, uns zu finden.

Was ist das Glück? Ist es nur der gute Ausgang
einer Sache im Sinne von »Glück gehabt«? Diese
Bedeutung besaß das Wort ursprünglich. Doch
längst ist mehr daraus geworden. Wenn wir
heute ans Glück denken, so nicht nur ans Glück-
Haben, sondern auch ans Glücklich-Sein. Oder
noch besser: daran, Glück zu empfinden.

AUF DEM GIPFEL

Wir alle haben es schon erlebt: Glücklich sein,
Glück empfinden, das ist kein dauerhafter
Zustand. Es ist ein Gipfel, der sich über einer
vielgestaltigen Landschaft erhebt. In dieser
Landschaft finden sich all die anderen Gefühle:
vom Hochplateau der Zufriedenheit bis hin
zum tiefen Tal des Leids. Irgendwo dazwischen
bewegen wir uns, und von Zeit zu Zeit befinden
wir uns unversehens auf dem Gipfel, ohne zu
wissen, wie wir hinaufgekommen sind. So als ob
uns eine freundliche Hand dorthin gesetzt hätte.
Wir sind einfach nur überwältigt, mit prallvol-

lem Herzen. Aber gibt es wirklich nichts, was wir selbst dazu tun können, dass wir das erleben?

Glück im Zusammenschwingen

Tatsächlich lässt sich das Glück nicht herbeizwingen. Insofern ist die alte Bedeutung des Zufalls immer noch gültig: Es fällt uns zu. Aber, um im Bild zu bleiben, wir müssen die Hände öffnen, um das Glück aufzufangen. Und wir können Gelegenheiten schaffen, bei denen es uns leichter findet. Erstens, indem wir uns mit Dingen, auch mit Aufgaben, beschäftigen, die uns erfüllen und uns von Zeit zu Zeit alle Probleme vergessen lassen. Und zweitens, indem wir immer wieder für »Resonanzerfahrungen« sorgen. So nennt der Soziologe Hartmut Rosa die besonderen Momente, in denen wir mit unserer Umgebung »zusammenschwingen«. Momente, in denen wir von anderen berührt werden und spüren, dass wir sie berühren – in Gesprächen, im Nachdenken, in gemeinsamen Erlebnissen. Diese Erfahrungen sind mit Menschen möglich, aber auch allein – etwa in der Begegnung mit der Natur, den Künsten oder der Religion. Wann waren Sie zuletzt so richtig glücklich? Vielleicht können Sie jetzt, in der Rückschau, erkennen, wie und wodurch Sie sich in jenem ganz besonderen Moment mit der Welt eins gefühlt haben.

Übungen
für den Alltag

— • —

Mit den folgenden Übungen schärfen Sie Ihren
Sinn für das Schöne. Sie öffnen sich für Inspirationen aus der Tiefe und bereiten auf diese Weise
einem Glücksgefühl den Weg.

Die Sinne nähren (II)

Blättern Sie noch einmal nach vorn zur Übung
»Die Sinne nähren (I)« (siehe Seite 76). Dort ging
es darum, über die fünf Sinne das Wirken der Elemente bewusst zu erleben. Diese Übung können
Sie nun weiterspinnen.

Versuchen Sie einmal, alle Sinnesempfindungen,
die Sie zum Beispiel während eines Spaziergangs
wahrnehmen, bewusst zu benennen (nicht: zu
bewerten). Suchen Sie nach dem passendsten
Wort für die jeweilige Wahrnehmung: knirschen,
rauschen, säuseln … spitz, sanft, heftig … mildes
Blubbern … – Welches trifft sie am besten?

Suchen Sie ohne Ehrgeiz, sondern mehr in dem Bewusstsein, dass Sie sich auf diese Weise noch intensiver mit dem Sinnesreiz befassen. Gut eignen sich dafür auch ein Konzert, ein Essen, eine handwerkliche Tätigkeit … einfach alles, was die Sinne deutlich anspricht. Hier zwei Übungsbeispiele: Wie lässt sich die Berührung eines Stückes Stoff beschreiben – als weich, als zart, als sanft? Oder der Regen: Tröpfelt, rauscht oder trommelt er? Schärfen Sie Ihre Wahrnehmung für die Vielfalt des sinnlichen Genießens.

Die Kraft des Staunens nutzen

Ein guter Weg, die Welt und das Leben zu genießen, führt über das Staunen. Und es macht uns noch dazu zu besseren Menschen.

US-amerikanische Psychologen haben durch Studien herausgefunden, dass, wer sich leicht ins Staunen versetzen lässt, fürsorglicher gegenüber seinen Mitmenschen ist als jemand, der für bedeutende Phänomene nur ein Achselzucken übrig hat. Unsere Fähigkeit zu staunen ist also mit unserem Sozialverhalten gekoppelt. Die

Forscher erklären das so: Staunende Menschen halten sich selbst nicht für den Nabel der Welt. Stattdessen spüren sie, dass es »Größeres« gibt als sie. Beim Erleben dieses Größeren, sei es in der Natur, in der Kunst, in der Begegnung mit anderen, werden die eigenen Sorgen kleiner. Es lohnt sich, im eigenen Leben auf die Suche nach staunenswerten Erlebnissen zu gehen. Die folgenden Fragen können Sie dabei leiten.

- Versuchen Sie sich zu erinnern: Worüber haben Sie als Kind vor allem gestaunt?
- Wann und worüber haben Sie zuletzt gestaunt? Rufen Sie sich die Situation möglichst konkret vor Augen.
- Sammeln Sie: Welche Dinge, Erlebnisse, Errungenschaften sind für Sie nicht selbstverständlich, sondern etwas Besonderes? Legen Sie eine Liste an, die Sie über mehrere Tage ergänzen. Beziehen Sie dabei auch vermeintliche Kleinigkeiten ein.
- Prüfen Sie Ihre Liste: Steht auch etwas darauf, was auf den ersten Blick selbstverständlich erschien und erst auf den zweiten eine »wunderbare« Seite zu erkennen gab?
- Durchforschen Sie, wenn Sie so etwas gefunden haben, erneut Ihre Alltagswelt. Gibt es vielleicht noch mehr, was Sie auf den zweiten Blick staunen lässt?

Wiederholen Sie die Übung von Zeit zu Zeit und machen Sie auf diese Weise das Staunen zu einem Bestandteil Ihrer Sicht auf die Welt.

Dem Schönen eine Chance

Schönheit lässt sich nicht durch Denken erkennen und nicht durch moralische Erwägungen bestimmen. Sie braucht nur unsere Hingabe.

Wenn wir der Schönheit – vermittelt durch unsere Sinne – begegnen, so brauchen wir sie nicht zu analysieren, um sie zu erkennen. Wir brauchen sie nur auf uns wirken zu lassen. Verankern Sie das Schöne fest in Ihrem Alltag:

- Machen Sie sich bewusst, was Ihr ganz persönliches Empfinden für Harmonie nährt, und schaffen Sie feste Anlässe für den Genuss – etwa durch ein Konzertabonnement, den Besuch eines Lesekreises, Ausflüge ...
- Stoppen Sie verurteilende Gedanken, die die Beschäftigung mit dem Schönen als Äußerlichkeit abtun. Es geht hier nicht um überflüssigen Luxus, sondern um nichts weniger als Wertschätzung für sich selbst.

- Versuchen Sie, das Schöne im Alltäglichen zu entdecken. Üben Sie zum Beispiel an einem Zweig, einem leeren Schneckenhaus oder an einer Frucht: Betrachten Sie Farben und Formen, spüren Sie die Oberfläche und wie leicht oder schwer etwas ist … Der Philosoph Arno Anzenbacher hat den Zustand der Versunkenheit, in dem wir ganz erfüllt sind vom Erleben des Geschauten, Gehörten, Gespürten, als Kontemplation bezeichnet. Die Achtsamkeitsübung auf Seite 88 kann Ihnen helfen, in solch eine Kontemplation hineinzukommen.

»Eins aus zehn«

Mit dieser Übung aus dem Kreativen Schreiben können Sie Ihren Einfallsreichtum fördern.

- Formulieren Sie zunächst die Frage oder das Problem, das Sie im Moment beschäftigt.
- Sammeln Sie nun zehn (nicht weniger!)Antworten oder Lösungsversuche. Notieren Sie alle, auch die vermeintlich verrückten.
- Betrachten Sie Ihre Liste: Vermutlich sind die ersten vier oder fünf Einträge gängiger als die

späteren. Ist bei letzteren etwas Brauchbares dabei? Oder regen sie zu einer elften und besten Lösung an? In den zehn oder mehr Antworten verbirgt sich eine Lösung.

Mit einem Lächeln einschlafen

Lächeln tut uns gut. Denn, so sagt die Facial-Feedback-Hypothese, über unsere Gesichtsmuskeln beeinflussen wir unsere Emotionen.

Den Effekt kennen Sie vielleicht aus dem Fitnesstraining, wo die Leiter immer wieder zum Lächeln auffordern, weil es das Üben erleichtert. Machen Sie sich das Facial Feedback doch auch über Nacht zunutze: Zaubern Sie ein Lächeln auf Ihre Lippen und versuchen Sie, damit einzuschlafen. Keine Sorge, wenn das Licht aus ist, sieht es niemand. Nur Sie spüren es. Und allein darauf kommt es an.

»Das Höchste, wozu der Mensch gelangen kann, ist das Erstaunen.«

Johann Wolfgang von Goethe

BÜCHER, DIE WEITERHELFEN

Anzenbacher, Arno: **Einführung in die Philosophie.** Herder
Anzenbacher, Arno: **Ethik. Eine Einführung.** Patmos
Böhme, Gernot und Hartmut: **Feuer, Wasser, Erde, Luft.**
Eine Kulturgeschichte der Elemente. C. H. Beck
Bonanno, George A.: **Die andere Seite der Trauer. Ver-
lustschmerz und Trauma aus eigener Kraft überwinden.**
Edition Sirius
Lutz, Barbara, und Schlüter, Christiane: **Atmen in Balance.
Gesundheit, Entspannung und innere Kraft.** Knaur Mens-
Sana
Rosa, Hartmut: **Weltbeziehungen im Zeitalter der
Beschleunigung. Umrisse einer neuen Gesellschaftskritik.**
Suhrkamp
Schulz von Thun, Friedemann: **Miteinander reden, Bd. 1–3.**
Rowohlt

AUS DEM GRÄFE UND UNZER VERLAG

Engelbrecht, Sigrid: **Lass los, was deinem Glück im Weg
steht.**
Engelbrecht, Sigrid: **Lass los, was dich klein macht.**
Mannschatz, Marie: **Meditation. Mehr Klarheit und innere
Ruhe.** (Übungsbuch mit CD.)
Schlüter, Christiane: **Der innere Jakobsweg. Aufbrüche
wagen, eigene Wege gehen, neue Ziele finden.**
Schlüter, Christiane: **Der Jakobsweg für zu Hause. In
52 Schritten auf dem Weg zu mir selbst.** (Tischaufsteller)

ADRESSEN, DIE WEITERHELFEN

www.christiane-schlueter.de
Informationen über die Autorin und ihr vielfältiges Angebot
www.barbara-lutz.de
*Kurse, Workshops, Vorträge zu den Themen Atemcoaching,
Stimm- und Beckenbodentraining*
www.west-oestliche-weisheit.de
*Forum für transkonfessionelle Spiritualität und Seminarhaus
Benediktushof*

DIE AUTORIN

Dr. Christiane Schlüter ist evangelische Theologin, gelernte
Journalistin sowie ausgebildete Psychodrama-Leiterin und
Seelsorgerin. Sie lebt heute als freiberufliche Journalistin
und Autorin in Augsburg und hat bereits zahlreiche Bücher
zu psychologischen, philosophischen und religiösen Themen verfasst, darunter bei GU den erfolgreichen Tischaufsteller »Der Jakobsweg für zu Hause« und den Ratgeber
»Der innere Jakobsweg«.

IMPRESSUM

© 2016 GRÄFE UND UNZER VERLAG GmbH, München
Alle Rechte vorbehalten.
Projektleitung: Reinhard Brendli
Lektorat: Ulrike Auras
Umschlaggestaltung und Layout: independent Medien-Design, Horst Moser, München
Illustrationen: Orlando Hoetzel
Syndication: www.jalag-syndication.de
Herstellung: Martina Koralewska
Satz: Reemers Publishing Services GmbH, Krefeld
Lithos: Repro Ludwig, Zell am See
Printed in China

ISBN 978-3-8338-4018-0
1. Auflage 2016

Die GU-Homepage finden Sie unter www.gu.de

 www.facebook.com/gu.verlag

GRÄFE UND UNZER

Ein Unternehmen der
GANSKE VERLAGSGRUPPE

QUALITÄTS
GU
GARANTIE

DIE GU-QUALITÄTS-GARANTIE

GRÄFE UND UNZER Verlag
Leserservice
Postfach 86 03 13
81630 München
E-Mail:
leserservice@graefe-und-unzer.de

Telefon: 00800 / 72 37 33 33*
Telefax: 00800 / 50 12 05 44*
Mo–Do: 9.00 – 17.00 Uhr
Fr: 9.00 – 16.00 Uhr
(* gebührenfrei in D, A, CH)

Ihr GRÄFE UND UNZER Verlag
Der erste Ratgeberverlag – seit 1722.